# 教科外活動の未来を拓く
―特別活動と総合的な学習の時間の世界―

吉冨芳正
菱山覚一郎 編

# はじめに

　学校は、古くから学習者が知識や技能を身に付ける場である。かつては、知識や技能の習得が社会からの要求であり、そのことが学校の大きな責務であった。しかし、これからの技術革新や社会構造の変化などを考えると、知識や技能をどのように活用し、どのように社会や人々と関わり、どのように自分の人生を切り拓くが問われるはずである。このような資質・能力の育成を意識し、現在の学校では「主体的・対話的で深い学び」の実現を目指している。

　ここで必要となるのが、教科外活動の充実であると思われる。特別活動や総合的な学習の時間（高等学校では、総合的な探究の時間）に代表される教科外活動は、課題解決に向けた活動や探究により、学習者の主体性を重視し、集団での対話や話し合いを通して、深い学びや学び方を大切にする。各教科の知識や技能を十分に活用し、予測困難な社会の変化に関わり、自らの可能性を発揮させる基礎を養っているのである。

　教員養成の課程において、各教科の理論や指導法の学習に比べると、教科外活動の意義やあり方の学習は、あまり重要視されてこなかった印象がある。しかし、これまでも担ってきた役割は非常に大きい。学校生活を楽しく豊かにし、自主的で実践的な態度の育成など、人間形成に深く関わってきた。今後は、これらの役割の上に、予測不能な社会を生き抜く資質・能力の育成という新たな任務が課せられることになる。もちろん、その任務に最終的な責任を持つのは、次世代の育成を担う教師に他ならない。

　今後の教科外活動はどうあるべきなのか、それに関わる教師はどのような意識を持つべきなのか、多くの疑問が生まれてくる。そこで本書は、

これからの学校や社会が求める教師に必要な資質・能力の育成という観点から、教科外活動の意義やあり方を整理した。教職を志す者の入門書として、学校現場の実態なども加味しながら編集した。

　本書の構成としては、特別活動と総合的な学習の時間について、それぞれの意義や内容を学ぶ部分と、両者を統合して教科外活動の特色や意義を包括的に学ぶ部分からなる。読者の学習の順序や興味に対応すべく、各章の内容が独立しており、どこからでも読み進められるように配慮した。また、執筆者の意向を尊重する編集方針をとっているため、章ごとの構成や表記に相違が生じている場合もある。なお、指導に具体性を持たせるために実践・記録的な内容も含まれているが、ここで登場する児童生徒の呼称はすべて仮称である。

　本書が、教職の道を志す人々の有効な参考書として、教育現場に立つ先生方の指導や支援の手がかりとして、いくらかでも役立つならば幸いである。本書が活用され、今後の教科外活動の発展と充実に寄与できることを願っている。本書の出版にあたり、資料提供や編集、その他にご尽力いただいた方々に心より感謝申し上げる次第である。

平成30年12月

　　　　　　　　　　　　　　　　　　　　　　　　　　　編著者一同

# 目　　次

はじめに　i

序章　学校における教科外活動の意義 ……………………………………　1
　第1節　学校教育と教科外活動 ……………………………………　1
　第2節　教科外活動の特質 …………………………………………　2
　第3節　教科外活動で育む力 ………………………………………　5
　第4節　注目を集める指導方法 ……………………………………　7

第1部　特別活動 ………………………………………………………………　11
第1章　特別活動の意義と変遷 ………………………………………………　12
　第1節　特別活動の意義 ……………………………………………　12
　第2節　特別活動の変遷 ……………………………………………　15

第2章　特別活動の目標と内容 ………………………………………………　22
　第1節　学習指導要領の今次改訂の概要 …………………………　22
　第2節　小学校の特別活動の目標と内容 …………………………　23
　第3節　中学校の特別活動の目標と内容 …………………………　27
　第4節　高等学校の特別活動の目標と内容 ………………………　29

第3章　児童生徒を育てる学級活動・ホームルーム活動 ………　33
　第1節　学級活動・ホームルーム活動の目標と内容の構成 …　34
　第2節　学級活動・ホームルーム活動の指導計画 ……………　42

第3節　学級活動・ホームルーム活動の内容の取扱い ……… 46

第4章　自主的な児童会活動と生徒会活動 …………………… 48
　　第1節　小学校における児童会活動 ………………………… 48
　　第2節　中学校における生徒会活動 ………………………… 55
　　第3節　高等学校における生徒会活動 ………………………59

第5章　体験的な学校行事の展開 ……………………………… 63
　　第1節　体験的な学校行事とは ……………………………… 63
　　第2節　小・中・高等学校における学校行事の内容 ……… 66

第6章　クラブ活動の特質 ……………………………………… 77
　　第1節　クラブ活動の目標と意義 …………………………… 77
　　第2節　クラブ活動の内容 …………………………………… 79
　　第3節　クラブ活動の年間計画 ……………………………… 82

第7章　特別活動における教師の役割 ………………………… 85
　　第1節　集団の中で高まる自己肯定感 ……………………… 85
　　第2節　様々な人間関係の中で生まれる自己有用感 ……… 87
　　第3節　達成感や感動を味わうことができる
　　　　　　「わたしたち」の学級 …………………………………… 89
　　第4節　発意・発想を尊重した自主的な活動 ……………… 92

第2部　総合的な学習の時間 …………………………………… 97
　第1章　総合的な学習の時間の意義と変遷 ………………… 98
　　第1節　総合的な学習の時間の意義 ………………………… 98

第2節　総合的な学習の時間の変遷 …………………………………… 100

第2章　総合的な学習の時間の目標と内容 ……………………………… 117
　　第1節　総合的な学習の時間の目標 ……………………………………… 117
　　第2節　総合的な学習の時間の内容 ……………………………………… 129

第3章　総合的な学習の時間の計画と指導 ……………………………… 135
　　第1節　指導計画 …………………………………………………………… 135
　　第2節　全体計画の作成 …………………………………………………… 136
　　第3節　年間計画と単元計画 ……………………………………………… 138
　　第4節　学習指導計画 ……………………………………………………… 141

第4章　総合的な学習の時間における教師の役割 ……………………… 146
　　第1節　目標と内容の決定 ………………………………………………… 146
　　第2節　学習指導の工夫 …………………………………………………… 148
　　第3節　チーム学校 ………………………………………………………… 150
　　第4節　学習状況の評価と学習指導・指導計画の評価 ………………… 152
　　第5節　指導計画と学習指導の改善 ……………………………………… 154

第3部　学校教育と教科外活動 ……………………………………………… 157
　第1章　特別活動と総合的な学習の時間との関連 ……………………… 158
　　第1節　学習指導要領の目標にみる関係 ………………………………… 158
　　第2節　共通する面と相違する面 ………………………………………… 163
　　第3節　連携を意識する視点 ……………………………………………… 165

　第2章　教科外活動と他教科および道徳科との関連 …………………… 169

第1節　教育課程での教科外活動 ………………………… 169
　第2節　教科外活動と各教科 ……………………………… 170
　第3節　教科外活動と道徳 ………………………………… 174

第3章　教科外活動の課題と今後の方向 ……………………… 179
　第1節　教科外活動の位置の再考 ………………………… 179
　第2節　キャリア教育の視点 ……………………………… 182
　第3節　これからの人間形成と教科外活動 ……………… 185

資料 ………………………………………………………………… 189
　小学校学習指導要領　第5章　総合的な学習の時間 ………… 190
　小学校学習指導要領　第6章　特別活動 ……………………… 192
　中学校学習指導要領　第4章　総合的な学習の時間 ………… 199
　中学校学習指導要領　第5章　特別活動 ……………………… 201
　高等学校学習指導要領　第4章　総合的な探究の時間 ……… 207
　高等学校学習指導要領　第5章　特別活動 …………………… 209

編者／執筆者紹介 ……………………………………………… 215

# 序章　学校における教科外活動の意義

## 第1節　学校教育と教科外活動

　現代の社会は、グローバル化および情報化の影響や、絶え間ない技術革新により変化し続けている。今後は、社会の環境や情勢のみならず、日々の生活を取り巻く世界が、ますます急速に変化する予測困難な時代となるであろう。そのような状況を視野に入れた場合、これからの時代を生き抜く子供たちには、各種の変化に向き合い、課題を解決し、前に進むような資質や能力などが求められる。

　もちろん社会は常に変化し続けている。その社会に対応できるような力を付けさせるのが学校の責務と言われている。学校誕生の要素の一つは、文字学習の必要性である。古代の文明期に文字が誕生し、多くの人々が文字の読み書きの必要性を認識し、組織的な教育機関としての学校が成立した。その後、学校には各種の学習内容などが組み込まれて現在に至っている。現代のような変化の激しい時代に必要な力とは何であろうか。各教科に示される基礎基本的な知識だけではない。各種の変化に向き合い、他者と協働・連携して課題の解決に向かう能力や、人間関係を構築するような資質や能力となるだろう。

　このような能力や資質は、教科の学習のみで育まれるとは言えない。他者との交流や活動、自身の課題解決の活動などの教科外の学びから育まれる側面が大きい。むしろ、教科外での学びこそが、これからの時代に求められる力の育成に直結しているとも考えられる。同様の考え方は、文部科学省の中央教育審議会答申や学習指導要領などにも示されている。では、学校における教科外活動とは何であろうか。校種別の学習指

導要領の各章をまとめると、次の表のようになっている。

| | 小学校 | 中学校 | 高等学校 |
|---|---|---|---|
| 第1章 | 総則 | 総則 | 総則 |
| 第2章 | 各教科 | 各教科 | 各学校に共通する各教科 |
| 第3章 | 特別の教科　道徳 | 特別の教科　道徳 | 主として専門学科において開設される各教科 |
| 第4章 | 外国語活動 | 総合的な学習の時間 | 総合的な探究の時間 |
| 第5章 | 総合的な学習の時間 | 特別活動 | 特別活動 |
| 第6章 | 特別活動 | | |

　表からも理解できるように、教科外ですべての校種に共通するのが、特別活動と総合的な学習の時間（高等学校では、総合的な探究の時間）である。この2つの教科外活動が、小学校から高等学校までの教育課程に位置付けられ、先に触れた資質や能力の育成に大きな鍵を握っている。

## 第2節　教科外活動の特質

　「学校教育の思い出として、印象深い出来事は何か」と問われた場合、多くの人は、学級内での出来事・各種学校行事・探究的な発表活動などの教科外活動を挙げる。それらは、印象に残るだけでなく、自身の人格形成に一定の影響を残しているためであろう。我々は、教科外活動を楽しみ、充実感を得てきたのである。これからの社会を担う子供たちにも同様の経験と学びを提供したいものである。

　教科外活動では、集団生活や人間関係づくり・人間としての生き方・課題解決の手順など、様々な生活の知恵を習得できる。価値観が多様化し、課題解決の手法も多く考えられるような社会では、教科外の学びがいっそう大切になるのは想像に難くない。

特別活動と総合的な学習の時間に代表される教科外活動の特性を意識した場合、幾つもの区分や項目分けが考えられる。ここではキーワード的に「教育課程」、「交流」、「問題解決」という概念と関連付けながら整理してみる。

(1) 「教育課程」

前節でみたように特別活動と総合的な学習の時間は、学習指導要領により、教育課程に位置付けられている。学校の各種行事や委員会活動・ボランティア活動などは、児童生徒に正課として受け止められていない様子であるが、実際は教育課程の一部なのである。

実際に教育課程を立案および実施する際に大切となってくるのが、「社会に開かれた教育課程」という意識である。今後は、学校で育もうとしている資質や能力が社会にどう結びつくのかについて、地域と学校が認識を共有した上で、地域の人的および物的資源の活用も求められる。もちろん、これらは各教科でも目指すべき方向であるが、教科等の枠を超えた横断的な視点から活動を展開できるのが、教科外活動の強みとなる。

(2) 「交流」

教科外活動で欠かせないのが交流である。この交流は、人や物だけでなく、各種情報や多様な考え方をも含んでいる。学級活動や学校行事、個々人が行う活動にも様々な交流がある。児童生徒は、それらの交流から、相互に協力すること、認め合うことなどを学び、人間関係を構築していく。そして、集団の一員として自覚と責任を持って社会に参画していく。その学びと成長の過程で、個性を発揮し、互いを尊重する精神を養う。

交流は、学内にとどまらないはずである。情報機器の発達により、地

域のみならず国なども視野に入れることも可能である。他者から与えられる情報や、自分から探し求める情報などとの交流も含まれる。児童生徒は、交流を通して、これからの社会を生き抜いていく上で必要な人間関係づくりや社会性を育むと同時に、自己形成をしていくのである。

### (3) 「問題解決」

　教科外活動の特質は、体験など実践的な活動を基礎として学習を展開する点にある。実践的な活動には必ず問題解決という行為が伴う。我々も日常生活において、常に問題解決を行っている。目標達成のために、情報を収集し、その情報を吟味し、解決の手段を考え、実行し、検証している。その一連の体験を積み重ねて、次の目標設定や問題解決を試み、社会を生きる実践力を養っている。「なすことによって学ぶ」という体験を繰り返している。

　この体験の過程が教科外活動の学習方法なのである。実際の体験を通して、実践的な力を身に付ける場が、教科外活動に他ならない。問題解決には、複数の他者が関わり、多くの情報などの活用が必要とされる。その際の学習の主体は、問題解決を進めようとする児童生徒であり、教師ではない。学習者主体の体験型の教育が展開されるはずである。

　以上のように、ここでは便宜上、3つの概念に整理してみた。もちろん、これらの概念は、教科の学習にも大切となるが、特質としてより強く認識されるのが教科外活動と考えられる。もちろん、それぞれの概念は独立しているわけでなく、互いに関連付いている。極端な表現をすれば、「教育課程」に「交流」を加味した「問題解決」が、教科外活動では求められるのである。

## 第3節　教科外活動で育む力

　我が国の社会は、大きな社会構造の変化の時期にある。文部科学省も、「よりより学校教育を通じてよりより社会を創る」という方針のもと、「社会に開かれた教育課程」を目指している。その中で、改訂された学習指導要領を、児童生徒の学びの方向を示した「学びの地図」として位置付けようとしている。学校には、その「学びの地図」を活用しながら、学校や地域の実態を把握し、教育の内容を教科横断的な視点で組み立てる責任がある。教育課程を計画・実施し、改善を図りながら教育活動の質の向上を図ること（カリキュラム・マネジメント）が大切とされている。

　そして、中央教育審議会答申では、これからの新しい時代を生き抜く子供に必要とされる資質・能力として以下のように図示している。

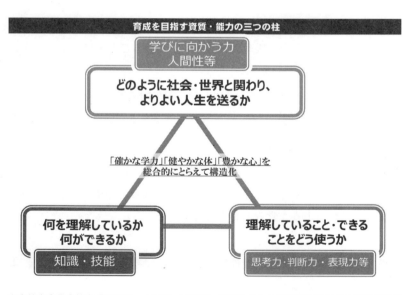

中央教育審議会答申「幼稚園、小学校、中学校、高等学校および特別支援学校の学習指導要領等の改善及び必要な方策等について」の「補足資料」（平成28年12月）

序章　学校における教科外活動の意義

　ここに表記される柱は、学校教育法第30条が定める学校教育において重視すべき三要素に対応しているだけでなく、教科外活動で育みたい資質・能力でもある。3つの柱としての枠組みを、教科外活動の視点から簡単に整理してみる。

（1）　知識・技能（何を理解しているか・何ができるか）
　ここでは事実的な単なる知識単体ではなく、他の知識や技能と関連付けられ、生きて働く知恵としての活用を含んでいる。つまり、知識として得た理解を、日々の学習で応用したり、問題解決の道具としたりする側面を意識している。その意味で、「何ができるか」と示されているのである。このことは、教科外の場も十分に考えられ、自分の知識と他者の知識をあわせた集団での活動や、各種の課題解決などの探究にも活用できるはずである。まさに、「生きる力」を支えるものと言える。

（2）　思考力・判断力・表現力等（理解していること・できることをどう使うか）
　これらは、知識および技能を活用して課題を解決するために必要な力である。その過程において、これらの力は更に深まるという関係にある。言いかえれば、各種の問題解決の繰り返しによる人格形成である。教科外活動の視点から見れば、実生活や人間関係などの中から課題を見つけ、情報を集めたり、話し合いや合意形成活動を展開したりして、解決策を考え、行動するような営みで養う力と表現できる。

（3）　学びに向かう力・人間性等（どのように社会・世界と関わり、よりよい人生を送るか）
　前者2つの柱をどのように働かせるかを方向付ける要素である。これ

は、児童生徒の感情や態度に関係するため、学校や地域の実態把握を踏まえた展開が求められる。児童生徒がよりよい社会や幸福な人生を拓いていくには、学習に取り組む態度も含めた学びに向かう力、自己の感情や行動を統制する力、よりよい生活や人間関係を自主的に形成する態度などが必要となる。こうした力や態度を育成するには、学んだことの意義を実感し、活用できるような場の提供が求められる。このような場は、教科外活動に多く設けられているはずである。

　ここに示されている3つの柱は、相互に関係し合っている。知識・技能は、思考・判断・表現を通じて習得され、その過程で活用される場合もある。思考・判断・表現を活用した問題解決の途上では、学びに向かう力の育成に結びつく側面もあると言える。学びの成果として、生きて働く「知識・技能」、未知の状況にも対応できる「思考力・判断力・表現力等」、学びを人生や社会において生かそうとする「学びに向かう力・人間性等」の育成が資質・能力の柱として求められる。これらの柱は、教科の枠を超えた全ての学習の基盤に他ならない。

## 第4節　注目を集める指導方法

　学校での各教科の学びは、教師の指導技術や教材研究により支えられている。これまでも、「どのように教えるか」、児童生徒は「どのように学ぶか」を絶えず検討してきた。そのような中、ここ数年は、「主体的・対話的で深い学び」（アクティブ・ラーニング）という方向が示されている。これは、特定の学習指導方法を意図しているのではなく、児童生徒の発達や特性、学習スタイルや教育的ニーズに応じた方法である。教師の側から見れば、学習の場面等に応じた方法について研究を重ねることも求められる。その上で、質の高い学びを実現し、学習内容を理解し、

資質・能力を身に付け、生涯にわたって能動的に学びを続けられるようにという想いが込められた言葉として注目を集めている。

次に、この「主体的（な学び）」「対話的（な学び）」「深い（学び）」の各語の中身を分析しておく。

○「主体的な学び」…学ぶことに関心を持ち、自己のキャリア形成の方向と関連付けながら、見通しを持って粘り強く取り組み、自己の学習活動を振り返って次につなげる

○「対話的な学び」…子供同士の協働、教職員や地域の人との対話、先哲の考え方を手掛かりに考えること等を通じ、自己の考えを広げ、深める

○「深い学び」…習得・活用・探究という学びの過程の中で、各教科等の特質に応じた「見方・考え方」を働かせながら、知識を相互に関連付けてより深く理解したり、情報を精査して考えを形成したり、問題を見出して解決策を考えたり、思いや考えを基に創造したりすることに向かう

ここで分析したこれら3つの語に込められた視点は、児童生徒の学びの一体化した過程として実現され、相互に影響し合うはずである。児童生徒は、各教科等で身に付けた知識・技能を活用して、思考力・判断力・表現力や学びに向かう力を発揮させて、物事を捉える視点や考え方を深める。知識の関連付けや、情報の精査、そして問題の解決などの学習過程を繰り返すような学習の充実も可能となる。

当然のように、すべての教育活動において「主体的・対話的で深い学び」による資質・能力の育成が求められる。教科外活動では従来から、「主体的・対話的で深い学び」の語に示されるような活動を取り入れてきた。特に強みと言えるのが、教科横断的かつ学年縦断的な要素を十分に加味できる点である。教科外活動の活動自体が能動的（アクティブ）

で、次から次への問題解決、自主的な学びの過程などの特性を意識しておけば、自然と「主体的・対話的で深い学び」が実現でき、次世代を担う児童生徒たちに大きな力を与えてくれるはずである。同時に、教科外活動では各教科とは異なり、学校での生活や身近な地域生活などの事象も学習を支える要素となる点も強みである。学校や地域から生まれる課題を探究的に学ぶ際には、「人・もの・こと」と直接的に関わる。このような側面も、「主体的・対話的で深い学び」に影響を与えているはずであり、地域に開かれた教育課程との関係性も見えてくる。

**参考資料**
・文部科学省『小学校学習指導要領』(平成29年3月告示)
・文部科学省『中学校学習指導要領』(平成29年3月告示)
・文部科学省『特別支援学校 幼稚部教育要領 小学部・中学部学習指導要領』(平成29年4月告示)
・文部科学省『高等学校学習指導要領』(平成30年3月告示)
・中央教育審議会答申「幼稚園、小学校、中学校、高等学校および特別支援学校の学習指導要領等の改善及び必要な方策等について」(平成28年12月)

**参考文献**
・新教育課程実践研究会編『よくわかる中教審「学習指導要領」答申のポイント』教育開発研究所　2017年
・那須正裕編『よくわかる小学校・中学校新学習指導要領全文と要点解説』教育開発研究所　2017年
・田沼茂紀『未来を拓く力を育む特別活動』北樹出版　2018年
・渡部邦雄他編『新学習指導要領準拠 特別活動指導法』日本文教出版　2018年

# 第1部　特別活動

　学校の教育課程は、各教科と教科外活動に分けられる。特別活動は、教科外活動に位置付けられ、学校教育の補助的な機能を担った「もうひとつの教育」と総称される場合もある。確かに各教科に比べると、定まった教材や指導法も存在せず、成績評価方法も確立していない。そのため、軽視される傾向が見られる。

　しかし、特別活動は小学校から高等学校まで12年間に及ぶ教育活動として、教育課程に置かれている。その意味は、何であるか。各教科でまかなえない人格形成の側面や人間関係づくりを担っているのである。課題に直面した時、我々は様々な経験や情報を集め、決断をし、実行している。このような問題解決の力は、児童生徒の時代に体験した特別活動での積み重ねが大きいはずである。

　学校での学びは、教科の知識や技能だけではない。特別活動の領域である学級での活動や学校行事も大切な学びであり、それらを経験することによって、児童生徒は人間的に成長する。集団の中で共に考え、活動した経験が将来を生き抜く力になるはずである。その意味で、特別活動は学校と児童生徒の成長に欠かせないのである。

第1部　特別活動

# 第1章　特別活動の意義と変遷

## 第1節　特別活動の意義

　特別活動とは、学校の教育課程における一領域であり、各教科や道徳、総合的な学習の時間などを除いたものである。小学校を例に挙げれば、2017（平成29）年の学校教育法施行規則第50条には「小学校の教育課程は、国語、社会、算数、理科、生活、音楽、図画工作、家庭、体育及び外国語の各教科（以下、この節において「各教科」という）、特別の教科である道徳、外国語活動、総合的な学習の時間並びに特別活動によつて編成するものとする。」と示されている。特別活動は学校教育の重要な要素の一つであり、かつ末尾にあって、それ以前に示されたものと明確に区別される位置にあるのが特徴である。

　特別活動の名称である「特別」の視点は、教科をはじめとする各種の教育活動から見たものであると言える。特別活動は過去に「特別教育活動」という名称であった時期があり、そこでの「特別」の用語は正課の授業から見た「課外活動」を意味していた。かつて教科外の活動として教育課程の外にあった様々な要素が、第二次世界大戦後の教育の変遷の中で教育課程として認められるようになり、今日の特別活動の土台となっていったのである。

　今日の特別活動は、「学級活動（小学校、中学校）・ホームルーム活動（高等学校）」、「児童会活動（小学校）・生徒会活動（中学校、高等学校）」、「クラブ活動（小学校）」、「学校行事（小学校、中学校、高等学校）」などの内容から構成される、集団的な活動である。そこでは、児童生徒の自主的で実践的な活動によって、様々な課題の解決が図られている。こ

のような集団による様々な体験や活動が、児童生徒の学校生活の記憶として残る例は多いであろう。

　特別活動の意義は、学習指導要領の目標において端的に示されている。2017（平成29）年から2018（平成30）年にかけて改訂された学習指導要領における特別活動の目標には「集団や社会の形成者としての見方・考え方を働かせ、様々な集団活動に自主的、実践的に取り組み、互いのよさや可能性を発揮しながら集団や自己の生活上の課題を解決することを通して、次のとおり資質・能力を育成することを目指す」と述べられている。この文言は小学校、中学校、高等学校共通である。ここで特別活動の意義に関連する文言を抜粋すると、「様々な集団活動」、「自主的、実践的に取り組み」、「互いのよさや可能性を発揮しながら」、「集団や自己の生活上の課題を解決する」などが挙げられる。なお、冒頭の「集団や社会の形成者としての見方・考え方」と末尾の「次のとおり資質・能力を育成することを目指す」については、第2章で解説する。

　「様々な集団活動」は、特別活動が複数の人間から成る「集団」において活動するという特徴を表している。学校は一つの小さな社会であり、様々な集団から構成される。特別活動は各活動・学校行事の特徴に応じた様々な集団活動の中で、児童生徒が集団や自己の課題の解決に向けて取り組む活動である。集団の活動の範囲は学年や学校段階が上がるにつれて広がりを持ち、社会に出た後の様々な集団や人間関係の中でその資質・能力が生かされていくことになる。各教科の学習そのものは児童生徒個人の問題でもあるのに対して、特別活動は集団を基本とした活動そのものに意味を持ち、人間関係を基本とした望ましいあり方を学ぶことが問題になるのである。

　「自主的、実践的に取り組み」は、特別活動の目標や内容で示している資質・能力を身に付ける姿勢を表している。一人一人の児童生徒が自

主的に集団活動に取り組むことを通して、そのよさや大切さを実感を伴って理解できるようにすることで、多様な他者と協働する様々な集団活動の意義を理解することが期待できる。また、実生活における課題の解決に実践的に取り組むことを通して学ぶことが、特別活動を充実させる上で重要である。

「互いのよさや可能性を発揮しながら」は、特別活動において集団における合意形成を重視し、他者の意見も受け入れつつ自分の考えも主張できるようにすることを前提としている。『学習指導要領解説』では、特別活動において、「過度に個々やグループでの競争を強いたり、連帯責任の追及や同調圧力を高めたりすることなど、違いを排除する指導方法は望ましくない」と指摘されている。むしろ、異なる意見や考えを基に、様々な解決の方法を模索したり、折り合いを付けたりすることが望まれるのである。

「集団や自己の生活上の課題を解決する」は、現在生じている問題を解消することだけでなく、広く集団や自己の現在や将来の生活をよりよくするために取り組むことを指している。『学習指導要領解説』では、特別活動の方法原理は「なすことによって学ぶ」と指摘されており、学級や学校生活には自分たちで解決できる課題があることや、その課題を自分たちで見出すことが必要であることなどに気付き、話し合いや実践を通じて活動を振り返り、成果や課題を明らかにし、次なる課題解決に向かうことなどが求められるのである。

さらに、過去に特別活動が果たしてきた意義や役割を踏まえて、今次改訂では「人間関係形成」、「社会参画」、「自己実現」の3つの視点を重視している。これらは、例えば2018（平成30）年7月に文部科学省から出された教師向けリーフレット「みんなで、よりよい学級・学校生活をつくる特別活動（小学校編）」（国立教育政策研究所）では、「違いを認

め合い、みんなと共に生きていく力を育てます」（人間関係形成）、「よりよい集団や社会をつくろうとする力を育てます」（社会参画）、「なりたい自分に向けてがんばる力を育てます」（自己実現）と表現されている。

## 第2節　特別活動の変遷

「特別活動」という名称が学校教育に用いられたのは、1968（昭和43）年の小学校学習指導要領からである。しかし、今日の特別活動の源流となる一部の教育活動は明治期から既に行われていた。そこで、まず学校の教育課程の歴史を第二次世界大戦前と後に区分し、特別活動の前史を概観した上で、学習指導要領に見られる特別活動の変遷について説明したい。

### （1）　戦前の特別活動

1872（明治5）年に「学制」が施行され、我が国における近代公教育制度が確立されると、学校教育の教科目が整備されていった。戦前には特別活動という名称は使用されておらず、一般に「課外活動」という名称が使用されていた。それらは、修学旅行、運動会、儀式、学芸会などの教科外の諸活動を総称する形で行われており、今日の学校行事の原型となっている。

これらの中で、最も早い時期に行われたのは修学旅行であり、1886（明治19）年の東京師範学校における「長途遠足」に始まると言われている。また、運動会も同時期に初代文部大臣森有礼が導入した兵式体操の成果を発表する場として奨励され、国民意識を確かなものとするために学校教育に普及が図られた。運動会の軍事的な性格は明治30年代頃から変化し始め、今日のような地域交流や祝祭的要素も加わっていった。

儀式については、1891（明治24）年に「小学校祝日大祭日儀式規定」

が公布され、その第一条に「紀元節、天長節、元始祭、神嘗祭及新嘗祭ノ日ニ於テハ学校長、教員及生徒一同式場ニ参集シテ左ノ儀式ヲ行フヘシ」と定められた。皇室に関わる祝日大祭日の際に、学校長らによる教育勅語の奉読や、全教員生徒らによる唱歌などが執り行われたのである。

　学芸会については、「学習発表会」で学校の優等生が学習成果を披露したものが起源とされる。これは学校の教育成果の発表と在校生の意欲喚起の場であったが、明治期の試験制度廃止とともに下火となり、代わって大正期の新教育運動の影響を受けた劇による表現や児童生徒の創作・音楽活動などが学芸会の形式で発表されるようになった。その後、学芸会は学校行事の中心的な活動となって全国に広がっていった。

　戦前の特別活動に相当する「課外活動」は、天皇制国家における「臣民」としてふさわしい価値観や態度を育成することを目的としていたと指摘される。また、明治期には近代国民国家における集団性や規律を身につけること、大正期には児童生徒の自主性や創意工夫を養うこと、昭和初期には皇国民の錬成を行うことといったように、時代背景を反映した教育活動が行われていた。これら特別活動前史に見られる諸活動は、やがて戦後の学習指導要領の中で再編されていくのである。

### （２）　戦後の特別活動

　戦後、1947（昭和22）年に『学習指導要領　一般編（試案）』が成立すると、小学校、中学校、高等学校に教科として自由研究が導入された。自由研究は各教科の学習以上に「児童・生徒の活動をのばし、学習を深く進める」ために設けられた時間であり、例えば小学校においては「教科の学習を発展させた時間」、「学年を超えるクラブ活動の時間」、「当番や学級委員の仕事のための時間」という例が示されている。自由研究の時数は小学校4年生から6年生で年間70時間から140時間、中学校1年

生から3年生で年間35時間から140時間が示され、高等学校においては「相当の単位数」を充てることが示されていた。

　自由研究は児童生徒の個性を生かし、それを伸ばす意図を持った教科として発足したが、運用面では「他の教科の発展としての自由な時間」の例に基づく他教科の補充的な扱いが多く、クラブ活動や委員による自治的活動は重視されることが少なかったと指摘される。そのため、学習指導要領の改訂において自由研究は姿を消すこととなった。

　1951（昭和26）年、文部省は『学習指導要領　一般編（試案）』の改訂を行った。その中で自由研究は解消され、小学校では「教科以外の活動」が、中学校と高等学校では「特別教育活動」が新設された。小学校の「教科以外の活動」の内容について見てみると、「ａ．学校全体の活動」として（1）児童会、（2）児童の様々な委員会、（3）児童集会、（4）奉仕活動が示され、「ｂ．学級の活動」として（1）学級会、（2）いろいろな委員会、（3）クラブ活動が示されている。これらは自由研究に示されていた要素を再編したものと捉えることができる。なお、高等学校については1956（昭和31）年に「特別教育活動」の名称を維持した改訂が行われている。

　1958（昭和33）年、小学校と中学校の学習指導要領が改訂され、「試案」の文字が削除された。高等学校でも1956（昭和31）年の改訂で「試案」の文字は削除されており、学習指導要領はこれ以降、告示の形式で法的拘束力を伴って改訂されることとなる。この改訂によって、小学校で「教科以外の活動」の名称を「特別教育活動」に改めたことから、小学校、中学校、高等学校での名称が「特別教育活動」に統一された。小学校の「特別教育活動」の内容について見てみると、「Ａ児童会活動」、「Ｂ学級会活動」、「Ｃクラブ活動」の3つの領域が示されている。また、「特別教育活動」とは別に、「学校行事等」が教育課程に規定されたことも

特徴である。小学校の「学校行事等」には儀式、学芸的行事、保健体育的行事、遠足、学校給食、その他の教育活動が定められていた。

　1968（昭和43）年の小学校学習指導要領改訂と、1969（昭和44）年の中学校学習指導要領改訂では、今日と同じ「特別活動」の名称が登場し、「特別教育活動」と「学校行事等」を統合した。1968（昭和43）年の小学校学習指導要領改訂における特別活動の内容を例に取ると、「児童活動」として（1）児童会活動、（2）学級会活動、（3）クラブ活動が示され、「学校行事」として儀式、学芸的行事、保健体育的行事、遠足的行事、安全指導的行事が示された。また、学級指導として、学校給食、保健指導、安全指導、学校図書館の利用指導、その他が示されている。

　高等学校では1970（昭和45）年の改訂で「各教科以外の教育活動」の名称が示された。その後、1978（昭和53）年の改訂で特別活動の名称が用いられることとなり、それ以降は小学校、中学校、高等学校で「特別活動」の名称に統一されて今日に至っている。

　特別活動成立後、各学校の学習指導要領に示された内容は、学習指導要領の改訂に伴い再編されていった。例えば、小学校と中学校のクラブ活動については、1968（昭和43）年と1969（昭和44）年の改訂においてそれぞれ児童活動と生徒活動の中に包含されており、1977（昭和52）年の改訂でも同様であった。1989（平成元）年の改訂では、小学校、中学校、高等学校のすべての学校でクラブ活動の独立が統一化されたが、中学校と高等学校では「部活動」をもってクラブ活動に代替することを認める弾力的な運用が示され、1998（平成10）年から1999（平成11）年の改訂によって中学校と高等学校のクラブ活動は廃止された。

　また、1989（平成元）年の改訂から小学校と中学校でそれまで「学級指導」であったものが「学級活動」の名称で統一された。これにより、同年の学習指導要領で、特別活動の内容は「学級活動・ホームルーム活

動」、「児童会活動・生徒会活動」、「クラブ活動」、「学校行事」という名称に整理され、その後の学習指導要領に継続されていった。その意味で、1989（平成元）年の再編が今日の各内容の土台となり、1998（平成10）年から1999（平成11）年の改訂で今日と同様の形式が固まったと位置付けることが可能であろう。その後、2008（平成20）年から2009（平成21）年と2017（平成29）年から2018（平成30）年の改訂において、各内容の充実が図られて今日に至るのである（変遷については、次の年表図も参照）。

**【「特別活動」成立までの各称の変遷】**

| 小学校 | 中学校 | 高等学校 |
| --- | --- | --- |
| 1947（昭和22）年<br>自由研究 | 1947（昭和22）年<br>自由研究 | 1947（昭和22）年<br>自由研究 |
| 1951（昭和26）年<br>教科以外の活動 | 1951（昭和26）年<br>特別教育活動 | 1951（昭和26）年<br>特別教育活動 |
| | | 1956（昭和31）年<br>特別教育活動 |
| 1958（昭和33）年<br>特別教育活動<br>学校行事等 | 1958（昭和33）年<br>特別教育活動<br>学校行事等 | |
| | | 1960（昭和35）年<br>特別教育活動<br>学校行事等 |
| 1968（昭和43）年<br>特別活動 | | |
| | 1969（昭和44）年<br>特別活動 | |
| | | 1970（昭和45）年<br>各教科以外の教育活動 |

第1部　特別活動

## 【「特別活動」の内容の変遷】

| 小学校 | 中学校 | 高等学校 |
|---|---|---|
| 1968（昭和43）年<br>児童活動<br>学校行事<br>学級指導 | 1969（昭和44）年<br>A　生徒活動<br>B　学級指導<br>C　学校行事 | 1970（昭和45）年<br>※「特別活動」ではなく「各教科以外の教育活動」のため割愛 |
| 1977（昭和52）年<br>A　児童活動<br>B　学校行事<br>C　学級指導 | 1977（昭和52）年<br>A　生徒活動<br>B　学校行事<br>C　学級指導 | 1978（昭和53）年<br>A　ホームルーム<br>B　生徒会活動<br>C　クラブ活動<br>D　学校行事 |
| 1989（平成元）年<br>A　学級活動<br>B　児童会活動<br>C　クラブ活動<br>D　学校行事 | 1989（平成元）年<br>A　学級活動<br>B　生徒会活動<br>C　クラブ活動<br>D　学校行事 | 1989（平成元）年<br>A　ホームルーム活動<br>B　生徒会活動<br>C　クラブ活動<br>D　学校行事 |
| 1998（平成10）年<br>A　学級活動<br>B　児童会活動<br>C　クラブ活動<br>D　学校行事 | 1998（平成10）年<br>A　学級活動<br>B　生徒会活動<br>C　学校行事 | 1999（平成11）年<br>A　ホームルーム活動<br>B　生徒会活動<br>C　学校行事 |
| 2008（平成20）年<br>学級活動<br>児童会活動<br>クラブ活動<br>学校行事 | 2008（平成20）年<br>学級活動<br>生徒会活動<br>学校行事 | 2009（平成21）年<br>ホームルーム活動<br>生徒会活動<br>学校行事 |
| 2017（平成29）年<br>学級活動<br>児童会活動<br>クラブ活動<br>学校行事 | 2017（平成29）年<br>学級活動<br>生徒会活動<br>学校行事 | 2018（平成30）年<br>ホームルーム活動<br>生徒会活動<br>学校行事 |

戦後の特別活動の歴史を概観すると、いくつかの時代区分を認めることができる。それは、戦後間もない時期の「自由研究」の成立に始まり、「教科外」の教育活動と学校行事が併存して名称も転々とした時代を経て、「特別活動」の名称の下で今日の形に収束していくという3つの区分から成るものである。更に、戦前の特別活動前史とも言える時期も含めると、特別活動の領域が時代とともに順次発展しつつ統合されていった流れを確認することができるだろう。

**参考文献**
・文部科学省『小学校学習指導要領解説　特別活動編』東洋館出版社、2018年
・文部科学省『中学校学習指導要領解説　特別活動編』東山書房、2018年
・文部科学省『高等学校学習指導要領解説　特別活動編』
　http://www.mext.go.jp/component/a_menu/education/micro_detail/__icsFiles/afieldfile/2018/07/13/1407196_22.pdf（2018年9月27日閲覧）
・鯨井俊彦編『第2版　特別活動の展開』明星大学出版部、2010年
・中村豊、原清治編『特別活動』ミネルヴァ書房、2018年

# 第2章　特別活動の目標と内容

## 第1節　学習指導要領の今次改訂の概要

　今日の学校教育では、学習指導要領が小学校、中学校、高等学校の教育課程の基準を示している。特別活動の目標と内容は、各学校の学習指導要領において明示されているため、はじめに2017（平成29）年から2018（平成30）年にかけて告示された学習指導要領の今次改訂について言及した上で、各学習指導要領の文言を確認したい。

　2016（平成28）年、中央教育審議会は「幼稚園、小学校、中学校、高等学校及び特別支援学校の学習指導要領等の改善及び必要な方策等について（答申）」を取りまとめた。そこでは、教育基本法、学校教育法などを踏まえ、これまでの我が国の学校教育の実践や蓄積を活かし、子供たちが未来社会を切り拓くための資質・能力を一層確実に育成するといった基本的な考え方が示された。

　この考え方に基づいて、全ての教科等は「知識及び技能」、「思考力・判断力・表現力等」「学びに向かう力・人間性等」の三つの柱から成る「資質・能力」で再整理され、「何ができるようになるのか」が明確になった。特別活動の文言でも、育成を目指す「資質・能力」が明示されていることが、過去の学習指導要領と比べて大きな特徴であると言える。

　さらに同答申では、この「資質・能力」の三つの柱について、「高等学校を卒業する段階で身に付けておくべき力は何か」や「義務教育を終える段階で身に付けておくべき力は何か」を、幼児教育、小学校教育、中学校教育、高等学校教育それぞれの在り方を考えつつ明確にすると指摘した。これにより、幼児教育から高等学校教育までの見通しを持って、

資質・能力の三つの柱を明確にしたことが説明されたのである。
　この答申に基づいて、2017（平成29）年3月には小学校学習指導要領と中学校学習指導要領が改訂告示され、2018（平成30）年3月には高等学校学習指導要領が改訂告示された。小学校学習指導要領は2017年度を周知・徹底期間、2018年度から2019年度の2年間を移行期間として一部を先行実施し、2020年度に全面実施する。中学校学習指導要領は同じく2017年度を周知・徹底期間、2018年度から2020年度の3年間を移行期間として一部を先行実施し、小学校の全面実施の翌年にあたる2021年度に全面実施する。高等学校学習指導要領は2018年度を周知・徹底期間、2019年度から2021年度の3年間を移行期間として一部を先行実施し、2022年度から年次進行で実施する。

## 第2節　小学校の特別活動の目標と内容

　小学校学習指導要領の第6章「特別活動」の第1「目標」では、小学校の特別活動の目標を次の通り示している。

> 　集団や社会の形成者としての見方・考え方を働かせ、様々な集団活動に自主的、実践的に取り組み、互いのよさや可能性を発揮しながら集団や自己の生活上の課題を解決することを通して、次のとおり資質・能力を育成することを目指す。
> （1）　多様な他者と協働する様々な集団活動の意義や活動を行う上で必要となることについて理解し、行動の仕方を身に付けるようにする。
> （2）　集団や自己の生活、人間関係の課題を見いだし、解決するために話し合い、合意形成を図ったり、意思決定したりすることができるようにする。

> （3） 自主的、実践的な集団活動を通して身に付けたことを生かして、集団や社会における生活及び人間関係をよりよく形成するとともに、自己の生き方についての考えを深め、自己実現を図ろうとする態度を養う。

　この特別活動の目標は、学級活動、児童会活動、クラブ活動及び学校行事という四つの目標を総括する全体目標である。

　「集団や社会の形成者としての見方・考え方」を働かせるということは、各教科等で示された見方・考え方を総合的に働かせながら、自己及び集団や社会の問題を捉え、よりよい人間関係の形成、よりよい集団生活の構築や社会への参画及び自己の実現に向けた実践に結び付けることである。そして、後に掲げられる資質・能力を育成するために、第1章でも説明した「様々な集団活動に自主的、実践的に取り組み、互いのよさや可能性を発揮しながら集団や自己の生活上の課題を解決することを通して」という学習過程が示されている。

　さらに、（1）では「知識及び技能」（何を知っているか、何ができるか）が、（2）では「思考力・判断力・表現力等」（知っていること、できることをどう使うか）が、（3）では、「学びに向かう力・人間性等」（どのように社会・世界と関わり、よりよい人生を送るか）がそれぞれの「資質・能力」として対応しているのである。これらの項目は、後に示す中学校・高等学校の目標でも同様であるが、項目の細部は各学校の教育内容や、児童生徒の発達段階に応じたものになっている。

　小学校学習指導要領第6章「特別活動」の第2「各活動・学校行事の目標と内容」では「学級活動」、「児童会活動」、「クラブ活動」、「学校行事」の目標と内容が示されている。それぞれの目標は次のとおりである。

〔学級活動〕 1　目標

　学級や学校での生活をよりよくするための課題を見いだし、解決するために話し合い、合意形成し、役割を分担して協力して実践したり、学級での話合いを生かして自己の課題の解決及び将来の生き方を描くために意思決定して実践したりすることに、自主的、実践的に取り組むことを通して、第1の目標に掲げる資質・能力を育成することを目指す。

〔児童会活動〕 1　目標

　異年齢の児童同士で協力し、学校生活の充実と向上を図るための諸問題の解決に向けて、計画を立て役割を分担し、協力して運営することに自主的、実践的に取り組むことを通して、第1の目標に掲げる資質・能力を育成することを目指す。

〔クラブ活動〕 1　目標

　異年齢の児童同士で協力し、共通の興味・関心を追求する集団活動の計画を立てて運営することに自主的、実践的に取り組むことを通して、個性の伸長を図りながら、第1の目標に掲げる資質・能力を育成することを目指す。

〔学校行事〕 1　目標

　全校又は学年の児童で協力し、よりよい学校生活を築くための体験的な活動を通して、集団への所属感や連帯感を深め、公共の精神を養いながら、第1の目標に掲げる資質・能力を育成することを目指す。

いずれの目標でも、集団の特質や活動の過程の特徴を踏まえた活動を通して、「第1の目標に示す資質・能力を育成する」ものであることを示している。これは、それぞれ異なった集団活動を通して、全体目標に示した「資質・能力」との関連を見通した計画を、各学校が作成することを求めるものである。この構造は、中学校・高等学校も共通である。

　これらの目標に基づいて、学級活動の内容では、(1)学級や学校における生活づくりへの参画、(2)日常の生活や学習への適応と自己の成長及び健康安全、(3)一人一人のキャリア形成と自己実現の三つの活動項目が示されている。その上で、全ての学年においてそれぞれの活動の意義及び活動を行う上で必要となることについて理解し、主体的に考えて実践できるよう指導することとされている。

　児童会活動の内容では、(1)児童会の組織づくりと児童会活動の計画や運営、(2)異年齢集団による交流、(3)学校行事への協力の三つの活動項目が示されている。その上で、学校の全児童をもって組織する児童会において、それぞれの活動の意義及び活動を行う上で必要となることについて理解し、主体的に考えて実践できるよう指導することとされている。

　クラブ活動の内容では、(1)クラブの組織づくりとクラブ活動の計画や運営、(2)クラブを楽しむ活動、(3)クラブの成果の発表の三つの活動項目が示されている。その上で、主として第4学年以上の同好の児童をもって組織するクラブにおいて、それぞれの活動の意義及び活動を行う上で必要となることについて理解し、主体的に考えて実践できるよう指導することとされている。

　学校行事の内容では、(1)儀式的行事、(2)文化的行事、(3)健康安全・体育的行事、(4)遠足・集団宿泊的行事、(5)勤労生産・奉仕的行事の五つの行事が示されている。その上で、学校生活に秩序と変

化を与え、学校生活の充実と発展に資する体験的な活動を行うことを通して、それぞれの学校行事の意義及び活動を行う上で必要となることについて理解し、主体的に考えて実践できるよう指導することとされている。

これらの内容の文言では、それぞれの集団活動の場所と内容が明示された上で、指導の方向性が述べられている。また、各内容は独立しているのではなく、内容間の関連を示すものがあることも特徴である。この他に、各教科、道徳、総合的な学習の時間などとの関連も考慮しつつ、適切に内容を取り扱うことが求められている。

### 第3節　中学校の特別活動の目標と内容

中学校学習指導要領の第5章「特別活動」の第1「目標」では、中学校の特別活動の目標を次の通り示している。

> 集団や社会の形成者としての見方・考え方を働かせ、様々な集団活動に自主的、実践的に取り組み、互いのよさや可能性を発揮しながら集団や自己の生活上の課題を解決することを通して、次のとおり資質・能力を育成することを目指す。
> （1）多様な他者と協働する様々な集団活動の意義や活動を行う上で必要となることについて理解し、行動の仕方を身に付けるようにする。
> （2）集団や自己の生活、人間関係の課題を見いだし、解決するために話し合い、合意形成を図ったり、意思決定したりすることができるようにする。
> （3）自主的、実践的な集団活動を通して身に付けたことを生かして、集団や社会における生活及び人間関係をよりよく形成する

> とともに、人間としての生き方についての考えを深め、自己実現を図ろうとする態度を養う。

　この特別活動の目標は、学級活動、生徒会活動及び学校行事の三つの目標を総括する全体目標である。（1）から（3）に示された「資質・能力」の文言以外は、小学校の特別活動と共通である。

　中学校学習指導要領の第5章「特別活動」の第2「各活動・学校行事の目標及び内容」では、「学級活動」、「生徒会活動」、「学校行事」の目標と内容が示されている。それぞれの目標は次のとおりである。

> 〔学級活動〕　1　目標
> 　学級や学校での生活をよりよくするための課題を見いだし、解決するために話し合い、合意形成し、役割を分担して協力して実践したり、学級での話合いを生かして自己の課題の解決及び将来の生き方を描くために意思決定して実践したりすることに、自主的、実践的に取り組むことを通して、第1の目標に掲げる資質・能力を育成することを目指す。

> 〔生徒会活動〕　1　目標
> 　異年齢の生徒同士で協力し、学校生活の充実と向上を図るための諸問題の解決に向けて、計画を立て役割を分担し、協力して運営することに自主的、実践的に取り組むことを通して、第1の目標に掲げる資質・能力を育成することを目指す。

> 〔学校行事〕　1　目標
> 　全校又は学年の生徒で協力し、よりよい学校生活を築くための体

> 験的な活動を通して、集団への所属感や連帯感を深め、公共の精神を養いながら、第1の目標に掲げる資質・能力を育成することを目指す。

　これらに基づいて、学級活動の内容では、（1）学級や学校における生活づくりへの参画、（2）日常の生活や学習への適応と自己の成長及び健康安全、（3）一人一人のキャリア形成と自己実現の三つの活動項目が示されている。その上で、全ての学年においてそれぞれの活動の意義及び活動を行う上で必要となることについて理解し、主体的に考えて実践できるよう指導することとされている。

　生徒会活動の内容では、（1）生徒会の組織づくりと生徒会活動の計画や運営、（2）学校行事への協力、（3）ボランティア活動などの社会参画の三つの活動項目が示されている。その上で、学校の全生徒をもって組織する生徒会において、それぞれの活動の意義及び活動を行う上で必要となることについて理解し、主体的に考えて実践できるよう指導することとされている。

　学校行事の内容では、（1）儀式的行事、（2）文化的行事、（3）健康安全・体育的行事、（4）旅行・集団宿泊的行事、（5）勤労生産・奉仕的行事の五つの行事が示されている。その上で、学校生活に秩序と変化を与え、学校生活の充実と発展に資する体験的な活動を行うことを通して、それぞれの学校行事の意義及び活動を行う上で必要となることについて理解し、主体的に考えて実践できるよう指導することとされている。

## 第4節　高等学校の特別活動の目標と内容

　高等学校学習指導要領第5章「特別活動」の第1「目標」では、高等

第1部　特別活動

学校の特別活動の目標を次の通り示している。

> 　集団や社会の形成者としての見方・考え方を働かせ、様々な集団活動に自主的、実践的に取り組み、互いのよさや可能性を発揮しながら集団や自己の生活上の課題を解決することを通して、次のとおり資質・能力を育成することを目指す。
> （1）　多様な他者と協働する様々な集団活動の意義や活動を行う上で必要となることについて理解し、行動の仕方を身に付けるようにする。
> （2）　集団や自己の生活、人間関係の課題を見いだし、解決するために話し合い、合意形成を図ったり、意思決定したりすることができるようにする。
> （3）　自主的、実践的な集団活動を通して身に付けたことを生かして、主体的に集団や社会に参画し、生活及び人間関係をよりよく形成するとともに、人間としての在り方生き方についての自覚を深め、自己実現を図ろうとする態度を養う。

　この特別活動の目標は、ホームルーム活動、生徒会活動及び学校行事の三つの目標を総括する全体目標である。（1）から（3）に示された「資質・能力」の文言以外は、小学校・中学校の特別活動と共通である。
　高等学校学習指導要領の第5章「特別活動」の第2「各活動・学校行事の目標及び内容」では、それぞれの目標を次のとおり示している。

> 〔ホームルーム活動〕　1　目標
> 　ホームルームや学校での生活をよりよくするための課題を見いだし、解決するために話し合い、合意形成し、役割を分担して協力して実践したり、ホームルームでの話合いを生かして自己の課題の解

決及び将来の生き方を描くために意思決定して実践したりすることに、自主的、実践的に取り組むことを通して、第1の目標に掲げる資質・能力を育成することを目指す。

〔生徒会活動〕 1　目標
　異年齢の生徒同士で協力し、学校生活の充実と向上を図るための諸問題の解決に向けて、計画を立て役割を分担し、協力して運営することに自主的、実践的に取り組むことを通して、第1の目標に掲げる資質・能力を育成することを目指す。

〔学校行事〕 1　目標
　全校若しくは学年又はそれらに準ずる集団で協力し、よりよい学校生活を築くための体験的な活動を通して、集団への所属感や連帯感を深め、公共の精神を養いながら、第1の目標に掲げる資質・能力を育成することを目指す。

　これらに基づいて、ホームルーム活動の内容では、（1）ホームルームや学校における生活づくりへの参画、（2）日常の生活や学習への適応と自己の成長及び健康安全、（3）一人一人のキャリア形成と自己実現の三つの活動項目が示されている。その上で、全ての学年においてそれぞれの活動の意義及び活動を行う上で必要となることについて理解し、主体的に考えて実践できるよう指導することとされている。

　生徒会活動の内容では、（1）生徒会の組織づくりと生徒会活動の計画や運営、（2）学校行事への協力、（3）ボランティア活動などの社会参画の三つの活動項目が示されている。その上で、学校の全生徒をもって組織する生徒会において、それぞれの活動の意義及び活動を行う上で

必要となることについて理解し、主体的に考えて実践できるよう指導することとされている。

　学校行事の内容では、（1）儀式的行事、（2）文化的行事、（3）健康安全・体育的行事、（4）旅行・集団宿泊的行事、（5）勤労生産・奉仕的行事の五つの行事が示されている。その上で、全校若しくは学年又はそれらに準ずる集団を単位として、学校生活に秩序と変化を与え、学校生活の充実と発展に資する体験的な活動を行うことを通して、それぞれの学校行事の意義及び活動を行う上で必要となることについて理解し、主体的に考えて実践できるよう指導することとされている。

　以上のように、特別活動の目標と内容を概観すると、中央教育審議会答申において、各学校の見通しを持った資質・能力の設定が提言されたことを反映して、学校ごとの文言の統一や関連性が明示されていることに気付くであろう。しかし、実際に示された細目は学校段階に応じて高度になっており、共通する点と各学校段階に応じた文言の違いは明確に存在する。なお、クラブ活動が特別活動として明示されているのは小学校だけである。

　学習指導要領の今次改訂に伴って、各学校の文言はかなり共通化されたと言えるが、これらは画一的な指導を期待したものでは決してない。むしろ、各学校の実態に応じた計画の作成が、これまで以上に求められていると言えるであろう。

# 第3章　児童生徒を育てる学級活動・ホームルーム活動

　小学校・中学校では「学級活動」、高等学校では「ホームルーム活動」という名称である。

　学級活動は、『小学校学習指導要領解説』に、共に生活や学習に取り組む同年齢の児童で構成される集団である「学級」において行われる活動であると書かれている。『中学校学習指導要領解説』では、「児童」が「生徒」となっている。つまり、児童生徒が所属する集団の「学級」を中心とした活動であると言える。また、教育課程において、特別活動の中で学級活動だけが年間35時間（小学校1年生は34時間）と定められた授業時数を持つ活動である。（小学校については学校教育法施行規則第51条の別表第1、中学校については学校教育法施行規則第73条の別表第2に示されている）

　ホームルーム活動は、『高等学校学習指導要領解説』に、共に生活や学習に取り組む生徒で構成される集団である「ホームルーム」において行われる活動であると書かれている。ホームルーム活動の授業時数については、学習指導要領第1章第2款の3の（3）各教科・科目等の授業時数等のエに、「ホームルーム活動の授業時数については、原則として、年間35単位時間以上とするものとする」と示されている。

　学級・ホームルームは、学校生活において、学習・生活の面で重要な役割を果たしている。そして、学級活動・ホームルーム活動だけが決められた授業時数を持っていることからもわかるように、この活動は、特別活動の基盤となる教育活動であると言える。

　ここからは、学習指導要領、『学習指導要領解説　特別活動編』を中

心に、小学校・中学校・高等学校それぞれの主な内容を見ていくことにする。

## 第1節　学級活動・ホームルーム活動の目標と内容の構成

### 1．小学校・中学校の学級活動
（1）　学級活動の目標

　小学校学習指導要領第6章「特別活動」、中学校学習指導要領第5章「特別活動」の第2「各活動・学校行事の目標及び内容」の「〔学級活動〕1　目標」で、次のとおり示している。

> 　学級や学校での生活をよりよくするための課題を見いだし、解決するために話し合い、合意形成し、役割を分担して協力して実践したり、学級での話合いを生かして自己の課題の解決及び将来の生き方を描くために意思決定して実践したりすることに、自主的、実践的に取り組むことを通して、第1の目標に掲げる資質・能力を育成することを目指す。

　そして、小学校・中学校『学習指導要領解説　特別活動編』の学級活動において、第1の目標に掲げている資質・能力の育成につなげるために、学習過程（例）を示している。この学習過程は、教師が意図的・計画的に指導に当たることの大切さ、指導の積み重ねが重要であるということも示していると言える。また、示された学習過程を繰り返していくこと、児童生徒が主体的に活動することが「深い学び」の実現につながっていくと考えられている。児童生徒にとっては、学んだ知識や技能などを活用できたり、次の活動や新たな学び、生活への意欲といったことにつなげたりする力が大切であるとも言える。

第3章　児童生徒を育てる学級活動・ホームルーム活動

## 【小学校】

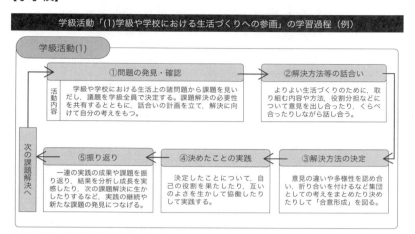

文部科学省『小学校学習指導要領（平成29年告示）解説　特別活動編　平成29年7月』東洋館出版社、45頁。

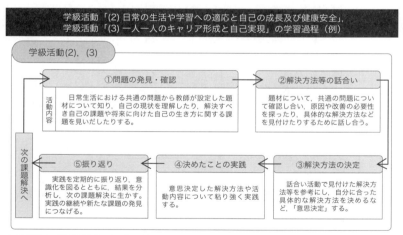

文部科学省『小学校学習指導要領（平成29年告示）解説　特別活動編　平成29年7月』東洋館出版社、46頁。

第1部 特別活動

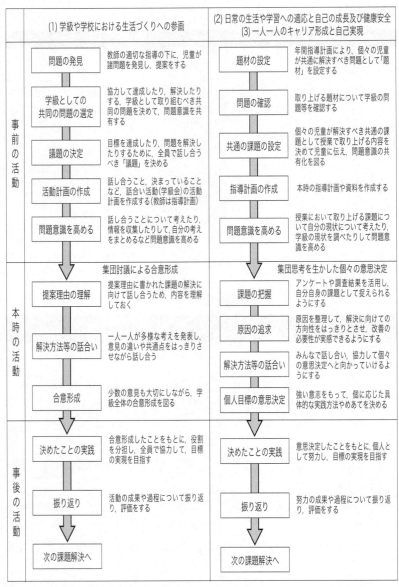

文部科学省『小学校学習指導要領（平成29年告示）解説 特別活動編 平成29年7月』東洋館出版社、70頁。

第3章 児童生徒を育てる学級活動・ホームルーム活動

## 【中学校】

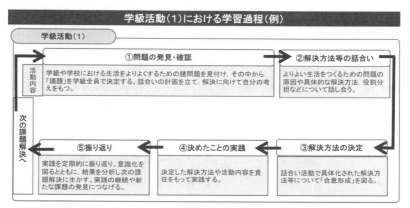

文部科学省『中学校学習指導要領(平成29年告示)解説 特別活動編 平成29年7月』東山書房、42頁。

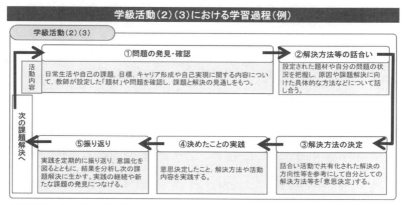

文部科学省『中学校学習指導要領(平成29年告示)解説 特別活動編 平成29年7月』東山書房、44頁。

※学級活動(1)で取り上げる内容を一般的に「議題」と称し、学級活動(2)(3)で設定したものを「題材」と称する。

※小学校の学級活動(1)では、折り合いを付け、集団としての「合意形成」を、学級活動(2)(3)では、一人一人(個々)の「意

思決定」を行うことが明確になったと言える。

(2) 学級活動の内容の構成

　平成20年3月告示の小学校学習指導要領では、〔共通事項〕として学級活動(1)と学級活動(2)となっていた。平成29年告示の小学校学習指導要領では、(3)として、「一人一人のキャリア形成と自己実現」を新しく設けた。これによって、特別活動が要となり、学校の教育活動全体でキャリア教育を適切に行うように示したと考えられる。また、小学校・中学校・高等学校のつながりが明確になるようにしたとも言える。

| 小学校 | 中学校 |
| --- | --- |
| 1の資質・能力を育成するため、全ての学年において、次の各活動を通して、それぞれの活動の意義及び活動を行う上で必要となることについて理解し、主体的に考えて実践できるよう指導する。<br>(1) 学級や学校における生活づくりへの参画<br>　ア　学級や学校における生活上の諸問題の解決<br>　イ　学級内の組織づくりや役割の自覚<br>　ウ　学校における多様な集団の生活の向上<br>(2) 日常の生活や学習への適応と自己の成長及び健康安全<br>　ア　基本的な生活習慣の形成<br>　イ　よりよい人間関係の形成<br>　ウ　心身ともに健康で安全な生活態度の形成<br>　エ　食育の観点を踏まえた学校給食と望ましい食習慣の形成 | 1の資質・能力を育成するため、全ての学年において、次の各活動を通して、それぞれの活動の意義及び活動を行う上で必要となることについて理解し、主体的に考えて実践できるよう指導する。<br>(1) 学級や学校における生活づくりへの参画<br>　ア　学級や学校における生活上の諸問題の解決<br>　イ　学級内の組織づくりや役割の自覚<br>　ウ　学校における多様な集団の生活の向上<br>(2) 日常の生活や学習への適応と自己の成長及び健康安全<br>　ア　自他の個性の理解と尊重、よりよい人間関係の形成<br>　イ　男女相互の理解と協力<br>　ウ　思春期の不安や悩みの解決、性的な発達への対応<br>　エ　心身ともに健康で安全な生活態度や習慣の形成 |

| | |
|---|---|
| （３） 一人一人のキャリア形成と自己実現<br>　ア　現在や将来に希望や目標をもって生きる意欲や態度の形成<br>　イ　社会参画意識の醸成や働くことの意義の理解<br>　ウ　主体的な学習態度の形成と学校図書館等の活用 | オ　食育の観点を踏まえた学校給食と望ましい食習慣の形成<br>（３） 一人一人のキャリア形成と自己実現<br>　ア　社会生活、職業生活との接続を踏まえた主体的な学習態度の形成と学校図書館等の活用<br>　イ　社会参画意識の醸成や勤労観・職業観の形成<br>　ウ　主体的な進路の選択と将来設計 |

※それぞれの後に、文言が書かれており、指導内容が明確に示されているが、ここでは省略している。例えば、（１）アの後に、「学級や学校における生活をよりよくするための課題を見いだし、解決するために話し合い、合意形成を図り、実践すること」と示されている。

## ２．高等学校のホームルーム活動

（１）　ホームルーム活動の目標

　学習指導要領第５章「特別活動」の第２「各活動・学校行事の目標及び内容」の「〔ホームルーム活動〕１　目標」で、次のとおり示している。

> 　ホームルームや学校での生活をよりよくするための課題を見いだし、解決するために話し合い、合意形成し、役割を分担して協力して実践したり、ホームルームでの話合いを生かして自己の課題の解決及び将来の生き方を描くために意思決定して実践したりすることに、自主的、実践的に取り組むことを通して、第１の目標に掲げる資質・能力を育成することを目指す。

　そして、『高等学校学習指導要領解説　特別活動編』の第３章第１節「ホームルーム活動」において、学習過程（例）を示している。ここでは、計画的に指導する、成果や課題を確認する、更なる課題の解決に取り組

もうとする意欲を高めるといったことが重要であると言える。

## 【高等学校】

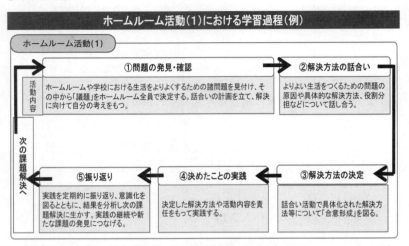

文部科学省『高等学校学習指導要領解説　特別活動編　平成30年7月』ホームページ、38頁。

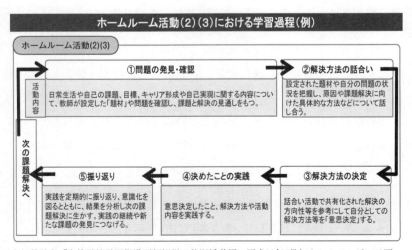

文部科学省『高等学校学習指導要領解説　特別活動編　平成30年7月』ホームページ、40頁。

※ホームルーム活動（1）で取り上げる内容を一般的に「議題」と称し、ホームルーム活動（2）（3）で設定したものを「題材」と称する。

（2）ホームルーム活動の内容の構成
　学習指導要領第5章「特別活動」の第2「各活動・学校行事の目標及び内容」の「〔ホームルーム活動〕2　内容」によると、次のような内容の構成になっている。

> 　1の資質・能力を育成するため、全ての学年において、次の各活動を通して、それぞれの活動の意義及び活動を行う上で必要となることについて理解し、主体的に考えて実践できるよう指導する。
>
> （1）ホームルームや学校における生活づくりへの参画
> 　ア　ホームルームや学校における生活上の諸問題の解決
> 　イ　ホームルーム内の組織づくりや役割の自覚
> 　ウ　学校における多様な集団の生活の向上
>
> （2）日常の生活や学習への適応と自己の成長及び健康安全
> 　ア　自他の個性の理解と尊重、よりよい人間関係の形成
> 　イ　男女相互の理解と協力
> 　ウ　国際理解と国際交流の推進
> 　エ　青年期の悩みや課題とその解決
> 　オ　生命の尊重と心身ともに健康で安全な生活態度や規律ある習慣の確立
>
> （3）一人一人のキャリア形成と自己実現
> 　ア　学校生活と社会的・職業的自立の意義の理解
> 　イ　主体的な学習態度の確立と学校図書館等の活用
> 　ウ　社会参画意識の醸成や勤労観・職業観の形成
> 　エ　主体的な進路の選択決定と将来設計

第1部　特別活動

※それぞれの後に、文言が書かれており、指導内容が明確に示されているが、ここでは省略している。例えば、（1）アの後に、「ホームルームや学校における生活を向上・充実させるための課題を見いだし、解決するために話し合い、合意形成を図り、実践すること。」と示されている。

## 第2節　学級活動・ホームルーム活動の指導計画

### 1．学級活動の指導計画

特別活動の全体計画を踏まえ、学級活動の指導計画を作成する必要がある。その指導計画には、小学校・中学校『学習指導要領解説　特別活動編』において、学校としての年間指導計画、学級ごとの年間指導計画や1単位時間の指導計画があると書かれている。1単位時間の指導計画は、一般的に「学級活動指導案」と呼ばれている。

ここでは、小学校の例を一部記載する。

### 【作成する手順】

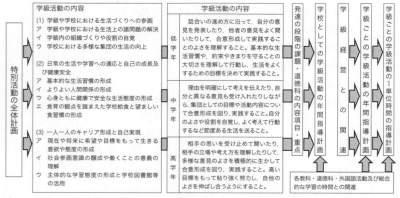

文部科学省『小学校学習指導要領（平成29年告示）解説　特別活動編　平成29年7月』東洋館出版社、63頁。

第3章　児童生徒を育てる学級活動・ホームルーム活動

## 【学級活動の年間指導計画例】

第5学年　学級活動年間指導計画

| 月 | (1) 学級や学校における生活づくりへの参画（に関すること） | 時間数 | (2) 日常の生活や学習への適応と自己の成長及び健康安全（に関すること） | | 時間数 | (3) 一人一人のキャリア形成と自己実現（に関すること） | | 時間数 | 学校行事や他の学習・活動等との関連 |
|---|---|---|---|---|---|---|---|---|---|
| | 予想される議題例 | | 題材 | 目標 | | 題材 | 目標 | | |
| 4 | ・学級目標を決めよう<br>・学級の係を決めよう<br>・〇〇大会をしよう<br>・高学年のスタート集会をしよう<br>・学級の歌を作ろう<br>・学級のマークを決めよう<br>※他に考えられる議題を学期ごとに記載する。 | 2 | ○礼儀正しい言葉と態度(ア) | 言葉遣い、挨拶、会釈など、礼儀正しい態度をとることができるようにする。 | 1/2 | ○清掃分担と自分の役割(イ) | ・集団としての役割を担い、責任を果たすために、人と協力しながら、また、進んで掃除ができるようにする。 | 1 | 始業式<br>入学式<br>健康診断<br>避難訓練<br>一年生を迎える会<br>委員会活動編成<br>クラブ活動開始（または編成） |

※ここでは省略しているが、最初に、学級活動（1）（2）（3）それぞれの時間と合計時間を記載するとよい。目標、内容、目指す資質・能力、評価の観点等についても、各学年に即した内容を考えて記述する。

　※学級ごとの年間指導計画は、小学校・中学校『学習指導要領解説特別活動編』において、「学校としての年間指導計画や学級ごとの年間指導計画に示す内容」として同じ内容が示されている。学校として作成した各学年の年間指導計画を基にして、学級の実態に即した学級ごとの年間指導計画を作成することになる。

## 【学級活動指導案に示す内容の例】

※最初に、第〇学年〇組　学級活動（1）あるいは（2）（3）学習指導案と日時、年組、児童数、指導者などを記載する。

【学級活動（1）指導案に示す内容の例】
1　議題
2　議題について　→「児童の実態と議題選定の理由」でもよい。

（1）　児童の実態
　　（2）　議題選定の理由
　3　（本時で）目指す資質・能力　※学校教育目標、重点目標、他の学習・活動
　　　　　　　　　　　　　　　　　　等との関連についても記述するとよい。
　4　評価規準と目指す児童の姿　※評価規準だけでもよい。ここは、学校で作成
　　　　　　　　　　　　　　　　　したものを記述する。「知識・技能」「思考・
　　　　　　　　　　　　　　　　　判断・表現」などが考えられる。
　5　事前の活動　※議題の選定までの流れ、提案カードから、準備の計画など。
　6　本時の展開　（1）本時の目標またはねらい　（2）児童の活動計画　（3）
　　　　　　　　教師の指導計画（あるいは「指導上の留意事項」ということも
　　　　　　　　考えられる）
　　　　　　　　※（2）の児童の活動計画、（3）の教師の指導計画の話合い
　　　　　　　　　の進め方としては、1．はじめの言葉　2．紹介（計画委員、
　　　　　　　　　グループなど）　3．議題の確かめ　4．提案理由の説明　5．
　　　　　　　　　提案者から　6．話合いの確かめ（活動のテーマ、めあて、
　　　　　　　　　柱、先生の話など）7．話合い　8．決まったことの確かめ
　　　　　　　　　（発表）9．黒板書記やノート書記から（振り返り）　10．先
　　　　　　　　　生の話　11．終わりの言葉などが考えられる。
　7　事後の活動

※学級活動（2）（3）では、「題材」「児童の実態」「題材設定の理由」などとな
　る。また、本時の展開としては、「導入」「展開」（あるいは、「展開の前段」「展
　開の後段」）「終末」（あるいは「整理」）、「活動の開始」「活動の展開」「活動の
　まとめ」などが考えられる。
※学級会（話合い）においては、「学級会（話合い）ノート」の活用も考えられる。

　各活動では、学習指導要領の大きなねらいでもある「知識及び技能（何を知っているか、何ができるか）」「思考力・判断力・表現力等（理解していること、できることをどう使うか）」「学びに向かう力・人間性等（どのように社会・世界と関わり、よりよい人生を送るか）」を考えて、どのような資質・能力を育てていくかを明らかにして取り組むことが重要である。『学習指導要領解説』に示されている内容も参照しながら、基本的な学習過程の中でしっかりと育てていきたい。
　また、『小学校学習指導要領解説　特別活動編』には、学級活動の活

動形態として、「(ア) 話合い活動、(イ) 係活動、(ウ) 集会活動といった活動に大別できる。」と示されている。これらの活動を、できるだけ自分たちで考え、みんなと協力して活動・実践していくことが大切である。自発的、自治的な活動を通して、学級経営の充実を図るには、当然だが、信頼関係が重要であるということを付け加えておきたい。

　※ (イ) の係活動 (鉄道新聞係、歌係、言葉の貯金係など、あればより学級生活が楽しくなるような、豊かになるような活動。自主的、自治的な活動) では、当番活動 (清掃、給食、日直など、分担してみんなで平等に順番に行う活動。必要な活動) との違いを理解して進める必要がある。

## ２．ホームルーム活動の指導計画

　ホームルーム活動の指導計画は、『高等学校学習指導要領解説　特別活動編』において、学校としての年間指導計画、ホームルームごとの年間指導計画や１単位時間の指導計画があると書かれている。１単位時間の指導計画は、一般的に「ホームルーム活動指導案」と呼ばれている。学校としての年間指導計画やホームルームごとの指導計画に示す内容については、学校や学年、ホームルームの指導目標、身に付けさせたい資質・能力、指導内容（予想される題材や議題）と時期、指導の時間配当、指導方法、指導教材（必要に応じて）、評価などが考えられると書かれている。

### 【ホームルーム活動（２）指導案に示す内容の例】

　　　　　　　　　　　　　　　　　　　　　　　　※小学校の例も参照
　１　題材
　２　題材設定の理由（意義、生徒の実態、取り上げる必要性、他との関連など

> を記述する)
> 3 指導のねらい(目指す資質・能力、育てたい力などについても記述する)
> 4 評価規準 →「5」のあとに「6」評価(の観点)として、記述することも考えられる。
> 5 指導の過程 (1)事前の指導と生徒の活動 (2)本時の指導と生徒の活動(テーマ、ねらい、本時の展開:活動の開始、活動の展開、活動のまとめ、留意点、配慮事項、評価の方法・視点など)(3)事後の指導と生徒の活動
> 6 資料(ある場合)

## 第3節 学級活動・ホームルーム活動の内容の取扱い

### 1．内容の取扱い(1)

　小学校、中学校、高等学校それぞれの『学習指導要領解説　特別活動編』において、小学校では「学級活動の学年段階での配慮事項」となっているが、中学校では「話合い活動など小学校からの積み重ねや経験を生かす」、高等学校では「話合い活動など中学校からの積み重ねや経験を生かす」となっている。このことから、積み重ねと同時に、円滑な学びのつながり、計画的な指導を大切にしていることがわかる。


### 2．内容の取扱い(2)

　各学校とも、「学習や生活の見通しを立て、振り返る教材の活用」ということで共通している。特に、学級活動・ホームルーム活動の内容(3)のキャリア教育においては、特別活動が要(中核)となり、キャリア教育を推進すること、学習や生活で学んだことをしっかりと残し、振り返ることができるようなポートフォリオ的な教材を活用することが求められている。その教材については、小学校から高等学校まで、そして、その後の進路も含め、できるだけ長く活用できるようなものを考える必要がある。

## 第3章 児童生徒を育てる学級活動・ホームルーム活動

**参考文献**
・文部科学省『小学校学習指導要領』東洋館出版社、2018年
・文部科学省『小学校学習指導要領（平成29年告示）解説　特別活動編』東洋館出版社、2018年
・文部科学省『中学校学習指導要領』東山書房、2018年
・文部科学省『中学校学習指導要領（平成29年告示）解説　特別活動編』東山書房、2018年
・文部科学省『高等学校学習指導要領』ホームページ、2018年
・文部科学省『高等学校学習指導要領解説　特別活動編』ホームページ、2018年
・文部科学省『小学校学習指導要領』（平成20年3月告示）東京書籍、2008年
・杉田洋編著『平成29年版　小学校新学習指導要領の展開　特別活動編』明治図書、2017年
・藤田晃之編著『平成29年版　中学校新学習指導要領の展開　特別活動編』明治図書、2017年
・杉田洋編著『平成29年版　小学校新学習指導要領ポイント総整理　特別活動』東洋館出版社、2017年
・文部科学省／国立教育政策研究所教育課程研究センター『楽しく豊かな学級・学校生活をつくる特別活動（小学校編)』文溪堂、2014年
・髙橋哲夫ほか『特別活動研究　第三版』教育出版、2013年
・杉田洋『自分を鍛え、集団を創る！　特別活動の教育技術』小学館、2014年
・佐々木正昭編著『入門特別活動　理論と実践で学ぶ学級・ホームルーム担任の仕事』学事出版、2014年
・鯨井俊彦編著『第2版　特別活動の展開』明星大学出版部、2011年

第1部　特別活動

# 第4章　自主的な児童会活動と生徒会活動

## 第1節　小学校における児童会活動

### 1．目標

> 異年齢の児童同士で協力し、学校生活の充実と向上を図るための諸問題の解決に向けて、計画を立て役割を分担し、協力して運営することに自主的、実践的に取り組むことを通して、第1の目標に揚げる資質・能力を育成することを目指す。
>
> （学習指導要領第6章　第2の1「目標」）より

※　この第1の目標に揚げる資質・能力とは、以下に示すことである。
（1）　多様な他者と協働する様々な集団活動の意義や活動を行う上で必要となることを理解し、行動の仕方を習得すること。
（2）　集団や自己の生活や人間関係の課題を見いだし、解決するために話し合い、合意形成図ったり、意思決定をしたりできること。
（3）　自主的、実践的な集団活動を通して身につけたことを生かして、集団や社会における生活及び人間関係をよりよく形成するとともに、自己の生き方についての考えを深め、自己実現を図ろうとする態度を養うこと。

児童会活動は全児童が参加するものではあるが、様々な活動の形があり、その関わり方によって児童は様々なことを学び、体験する。運営には、主として高学年の児童が当たるが、活動形態や役割には様々な形があり得る。そのために学習の過程も様々であるが、基本的には次の図に示すような過程である。

第4章　自主的な児童会活動と生徒会活動

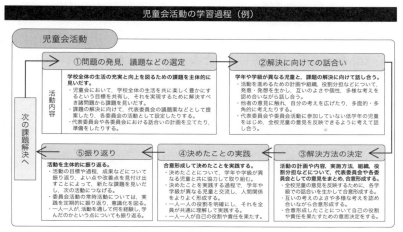

文部科学省『小学校学習指導要領（平成29年告示）解説　特別活動編　平成29年7月』東洋館出版社、86頁。

## ２．活動の内容

### （１）　児童会の組織づくりと児童会活動の計画や運営

> 児童が主体的に組織をつくり、役割を分担し、計画を立て、学校生活の課題を見いだし解決するために話し合い、合意形成を図り実践すること。

　具体的には、代表委員会や委員会活動、児童会集会活動などにおいて、児童会の一員として自分の果たすべき役割などについて考え、話し合い、決めたことに協力してとりくむことができるようにする。また、活動を通して、自他のよさに気づき、積極的に児童会活動に取り組む態度を養う。

　自発的、自治的な児童会活動を進めるためには、教師の適切な指導の下、年間や学期、月ごとの活動計画を立て、役割を分担し協力して運営に取り組むように指導していくことが必要である。具体的には、学校の

－49－

第1部　特別活動

教育目標や児童の実態に合わせて組織を構成し、役割を分担し、話し合い、合意形成したり計画的に運営したりできるようにする。そして、これらの活動の過程や成果を得ることなどが、自己有用感を高め、社会参画するための資質や能力を養うことに繋がる。

```
代表委員会 ─┬─ 各種委員会（放送・生活・体育・美化・集会等委員会）
            │
            └─ 拡大委員会（大きな学校行事などで代表委員会だけで
                          は分担できないときに、各学級代表や委
                          員会委員長などが協力して実施する）
```

委員会例）（委員会活動は、児童でありながらも学校の運営に参画するという意識を持たせるための重要な活動である）放送委員会、体育委員会、栽培委員会、掲示委員会、美化委員会、生活委員会、飼育委員会、音楽・理科等の教科の委員会など、日常的な活動ができることを前提に、学校規模等の状況に合わせて設置する。

（2）　異年齢集団による交流

> 　児童会が計画や運営を行う集会等の活動において、学年や学級が異なる児童とともに楽しく触れ合い、交流を図ること。

　全校児童が一堂に会して行われる全校児童集会においては、児童の自発的、自治的な活動を効果的に進めるとともに、異年齢集団による交流のよさを重視して計画や運営ができるようにすることが大切である。また、各委員会からの報告や連絡、活動の発表なども交流の一つである。高学年の児童が中心になって活躍する姿を目の当たりにすることで、下

級生の中に上学年の児童に対する親しみやあこがれ、尊敬の気持ちが育ち、「自分もこうなりたい」という思いや願いや希望を持つことになる。

集会例） 委員会紹介集会　　──　委員会発足時に活動をPR
　　　　各委員会による集会　──　委員会が考えたショート集会
　　　　ボランティア集会　　──　校内美化のボランティアを全校実施
　　　　ゲーム集会　　　　　──　全校でクイズやゲームをする集会
　　　　音楽や体育集会　　　──　全校で合唱、マラソン等の集会
　　　　クラブ活動発表会　　──　クラブ活動の集大成を発表

(3)　学校行事への協力

> 学校行事の特質に応じて、児童会の組織を活用して、計画の一部を担当したり、運営に協力したりすること。

　学芸会や運動会、全校遠足や集団宿泊行事などの一部を、児童の発意や発想を生かした計画で実施したり、各委員会の活動内容を生かした活動を取り入れて実施したりする。学校行事は、学校が中心となって計画実施するものであるが、児童にとっては「学校行事に協力する」という意欲を通じて、児童相互の連帯感が深まり、より充実した活動になる。

活動例） 運動会の司会・進行　キャッチコピーの募集・決定　参加のきまり等を周知　学芸会の司会・進行、幕間の指導、全員合唱の指導、児童会からの挨拶　移動教室等：目標やきまりの話し合い、下級生への報告会の準備　読書週間や衛生週間での全校集会の計画　新入生を迎える会、卒業生を送る会等の実施計画、司会・進行　等

## 3．児童会活動の指導計画

児童会活動の指導計画については、次のようなことに配慮して作成する。

ア　学級や学校、地域の実態、児童の発達段階等を考慮する。

　　児童数や学級数、指導に当たる教員の数、施設や設備など、学校の実態を考慮し、創意工夫をこらして指導計画を作成する必要がある。児童数が少ない場合には、高学年に限定せず、中学年（４年生）から委員会活動に参加することも考える。また委員会の数も、学校の実情に合わせて設置することが必要である。さらに、地域の人材活用、地域の教育力を学校に取り入れる考えから、外国語に堪能な人や特殊な技能を持っている方などを登用して、創意ある委員会活動を展開することも考えられる。

イ　各教科、道徳科、外国語活動、総合的な学習の時間等の指導と関連を図る。

　　各教科や他領域との連携は、「特別活動全体計画」の中で明確に示されるものであるが、学級活動やクラブ活動、学校行事の指導との関連を図ることが大切である。

ウ　家庭、地域の人々との連携、社会教育施設等の活用を工夫する。

　　近隣の保育園、幼稚園、中学校、特別支援学校、特養施設など、多種多様な人々との交流を図りながら、生活をより豊かに楽しくする工夫が必要である。具体的には、就学前の幼児を招いて学校案内をしたり、近隣の施設の訪問・交流、運動会等で中学生のボランティアを要請したりすることである。

エ　学校実態を踏まえて組織を編成する。

　　学校の児童数や学級数に応じて、代表委員会を一つの委員会として考え、他の委員会と同様に運営する。（次表を参照）

| 児童会活動の目標 | | 児童会活動を通して、望ましい人間関係を築き、学校の一員としてよりよい学校作りに参画し、協力して諸問題を解決しようとする自主的実践的な態度を育てる。 |
|---|---|---|
| 代表委員会と各委員会の組織と構成 | 代表委員会 | 5年生以上の各学級代表と各委員会の代表で構成する。（必要によって他学年も）各クラブの代表も参加し、拡大代表委員会を形成することもある。 |
| | 委員会活動 | 児童の発想や希望が生かされる委員会を設定する。具体的には、学校の一翼を担う係を考える。 |
| 活動時間の設定 | 代表委員会 | 毎月1回　第○月曜日　放課後に設定 |
| | 委員会活動 | 毎月1回　第○金曜日の6校時に設定 |
| | 児童会集会活動 | 代表委員会が企画・運営し、1単位時間をもって行う。（各学期に1回程度）ロング集会などともいう。 |
| 主な活動 | 代表委員会（予想される活動） | 1年生を迎える会　手作り遊びの集会　勤労感謝集会　縦割り班遊び集会　など |
| | 委員会活動 | 自分の委員会の活動紹介（読書指導、保健指導、体育倉庫の使い方など）全校児童への啓発 |

オ　児童会活動の年間指導計画を作成する。

　児童会活動は全校的な活動であることから、全教員が関わって指導計画を作成することが望ましい。しかし、実際は、特別活動指導組織で原案を作成し、全教員に周知するというのが一般的である。これも学校の教員数を考慮し、一人一人が何らかの役割を果たせるように計画する。

　委員会活動の活動時間は、月1回の定例会は概ね1単位時間（45分）を充てる。また、8月を除く各月1回の定例会委員会の年間活動計画を児童が作成する。活動に対する評価は、毎回行うものと、

各学期に1回、行う評価が考えられる。
カ　児童会の計画や運営は実情を踏まえること。
　　前述のアで示したが、児童数等の実態に応じて、委員会の構成が5・6年生だけでできないときは、4年生あるいは3年生から参加してもらうことも可能である。また代表委員会では、各学級代表が参加する拡大的な委員会を計画することも考えられる。
キ　児童による活動計画を作成する。
　　教師が作成した年間指導計画に基づき、教師の適切な助言を受けて、児童が具体的な活動計画を立てることが必要である。その活動計画は目標・各月の活動内容・役割分担・活動の日時・準備などを考慮して作成する。
ク　委員会の運営を工夫する。
　　委員会の活動を通年にするか、半期ごとにするかは、学校の考え方次第である。一般的には、自主的な活動や自治的、主体的な運営をすることから、通年で一つの委員会活動を行う学校が多い。しかし、より多くの経験をさせたいとの考えから、半期ごとに委員会を代える学校もある。
ケ　活動時間の取り方を工夫する。
　　委員会活動の時間は、月1回の定例会の活動に加え、委員会の目的に応じて、毎日当番活動が必要な委員会もある。例えば、放送委員会や飼育委員会、栽培委員会などは、毎日活動をしないと役割を果たせない。児童に過度の負担にならないように工夫することも必要である。

## 4．児童会活動の内容の取り扱い

児童会活動は「児童の自発的、自治的な活動が効果的に展開されるよ

うにする」ことが求められている。それは、児童自身が学校生活の諸問題に気づき、話し合いを通して合意形成をし、自己の責任を果たしたり協力したりしながら、多様な他者と関わる価値や方法を身につけるためである。このことは、近年、大きな教育課題となっている「いじめの未然防止」に深く関わっている。相手の立場や考えを受け止めると同時に、互いの良さを理解し合い、決めたことに協力して取り組むことができるように指導をすることが重要である。

## 第2節　中学校における生徒会活動

### 1．中学校の目標　小学校の目標に準ずる

　3つの活動内容のいずれも教師の適切な指導の下、生徒の自発的、自治的な活動が効果的に展開されるようにする。その際、民主的な手続きとしての話し合い活動により集団の意見をまとめること、学校生活に必要なきまりを自分たちでつくって守ること、他の学年や学校外の人との関わりを通して、よりよい人間関係を形成することなどに配慮をするとともに、学級活動や学校行事との関連を図る。

### 2．活動の内容

（1）　生徒会の組織づくりと生徒会活動の計画や運営

　生徒会活動には、生徒会行事などの生徒会による直接的な活動の企画・立案、実施（運営）、生徒会規則や組織の改廃、役員を含む各種の委員の選出、実施の中心となる各種の委員会活動などがある。

第1部　特別活動

【生徒会組織図（例）】

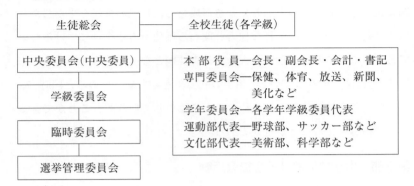

**生徒総会** ── 全校生徒による生徒会の最高議決機関であり、年間の活動計画や予算の決定、活動結果及び決算の報告や承認、生徒会規約の改廃などを全校生徒が参加して審議する。

**中央委員会**(生徒評議会など) ── 生徒総会に次ぐ機関。生徒会役員の他、学級や各種の委員会の代表が参加し、生徒会に提出する議案や提出された諸問題の解決、各学級や部活動等に関する連絡調整など行う。

**生徒会役員会** ── 生徒会長・副会長・会計・書記で構成されるのが一般的。年間の活動計画の立案・企画、審議、議案の作成・提出、各種の委員会の招集など、生徒会全体の運営や執行に当たる。

**各種委員会** ── 常設委員会と特別委員会がある。常設委員会は生活規律に関する委員会（生活委員会）、健康安全・学校給食等に関する委員会（保健・給食委員会）など。特別委員会は学校行事に関わる体育祭や文化祭、合唱コンクール等の実行委員会があり、生徒会活動における実践的活動の推進などを担う。

（2）　学校行事への協力

　文化祭や体育祭、合唱コンクールなど、各種の学校行事に向けて、そ

の内容や特質に応じた実行委員会等を組織して、話し合い、実践する。こうした活動は、学校内外の広範囲の活動となるため、地域の人々、高齢者、障がいのある人々など多様な他者とのコミュニケーション能力の育成、障がい者理解、社会的なルールやマナーの学習の機会となる。

### （3） ボランティア活動などの社会参画

学校内外のボランティア活動や社会的活動（地域防犯、交通安全活動等）、地域の人々との交流、協働学習などの社会貢献や社会参画に関する活動は、生徒の自己有用感や学習意欲の向上が期待できるだけでなく、地域社会の形成者であるという自覚と役割意識を深め、豊かな人間性を培い、自己実現に向かって人生を切り拓く力を育むことが期待できる。

## 3．生徒会活動の指導計画

生徒会活動には、学習指導要領に基づいて、①学校の創意工夫を生かす、②学校・地域の実態や生徒の発達の段階を考慮する、③生徒による自主的、実践的な活動を助長する、などの点を配慮して指導計画を作成することが求められている。

指導に当たっては、はじめに必要な授業時間を設定することが必要である。学習指導要領では、「内容に応じ、年間、学期ごと、月ごとなどに適切な授業時数を充てるものとする」と示されている。学校状況によっては難しい面もあるが、話し合いの時間を休み時間や放課後に設定するなど、それぞれの活動に必要な時間や機会、場の確保などを工夫することが大切である。まさに学校の創意工夫の力が発揮される場面である。

第1部　特別活動

## 【全体計画（例）】

| 月 | 生徒会関係行事 | 生徒会役員会 | 生徒評議会 | 各種の委員会 | 指導上の留意点 | 学級との関係 |
|---|---|---|---|---|---|---|
| 4 | 新入生歓迎会 | ○役員組織の確認<br>・運営役割の確認<br>・生徒会組織の説明<br>・各種委員会の説明<br>・部活動説明会　等<br>・総会原案作成<br>・総会資料準備<br>○離任式の準備 | ○生徒総会準備 | ○組織づくり<br>○正副委員長選出<br>○活動計画と予算案の作成<br>○生徒総会準備 | ※生徒の企画・運営を支える。<br>※委員長等の選出は安易にならないように指導する。<br>※活動を確かなものとするため自己評価カード等を準備する。 | ○新入生歓迎メッセージの作成<br>○新入生の教室整備<br>○生徒総会議案書の精読<br>○生徒総会質問事項の提出 |
| 5 | 生徒総会 | ○生徒総会の運営<br>○生徒総会の反省<br>○生徒集会 | ○生徒総会<br>○各種委員会の連絡調整<br>○月例評議会 | ○生徒総会<br>○活動計画の実施 | ※総会審議の意義を理解させて準備を進めさせる。 | ○生徒総会 |
| 6 | 壮行会 | ○壮行会の準備<br>○生徒総会 | ○月例評議会<br>○生徒集会参画 | ○生徒集会参画 | ※壮行会で各部長が決意表明できるよう各顧問が指導に当たる。<br>※生徒総会で各委員会が報告や提案を主体的にできるよう指導する。 | ○壮行会参加 |
| | クリーン作戦 | ○クリーン作戦補助 | | ○クリーン作戦の計画と実施 | ※担当専門委員会が連携してクリーン作戦の準備と運営ができるよう指導する。 | ○クリーン作戦への参加 |

　生徒会活動の指導に当たっては、次のような点に配慮する。
① 　教師の適切な指導
　　ア　学校内外の関係機関との連携 ─ 日頃から地域の関係機関との協力体制を築いておく。
　　イ　事故防止と緊急時の対応 ─ 校外で活動するときなどは、事前に

点検や下見をしておく。また、緊急時の対応も考えに入れておく。
　　ウ　活動記録の保管 ― 評価や反省の材料として、教師や生徒も見られるようにしておく。
②　事前指導と事後指導
　　ア　事前指導 ― 活動に当たっての予備知識や技能を身につけさせたり、人を対象とするボランティア活動では、ノーマライゼーションの考え方や人権尊重の精神を培うなどの指導も必要である。
　　イ　生徒自身が活動を振り返り、自己評価をすることで次の活動への意欲・改善に繋げる。
③　主権者教育の充実
　生徒は満18歳になったときに選挙権を有し、政治参加の担い手となる。こうしたことを踏まえ、参画や自治を体験しながら学ぶ取り組みが必要である。自分たちの実生活の中で問題解決に取り組み、自らの問題と受け止めることが大切であり、学校生活の改善・向上を目指して、自分たちで解決策やルールを考える生徒会活動は、主権者教育の「意思決定への参加」として重要である。

## 第3節　高等学校における生徒会活動

### 1．高等学校の目標　小学校の目標に準ずる
　高等学校の生徒会活動においては、中学校で身につけた資質・能力を基礎にし、生徒の自発的、自治的な活動に関する態度や能力を高めていくようにする事が必要である。生徒の自主性、自発性をできるだけ尊重し、生徒が自ら活動計画を立て、役割分担をし、協力し合ってよりよい集団活動を進めるよう、適切な指導が必要である。

## 【生徒会活動における学習過程（例）】

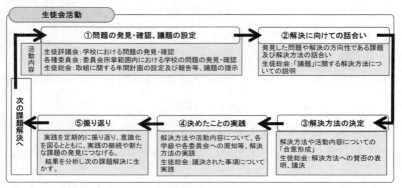

文部科学省『高等学校学習指導要領解説　特別活動編』ホームページ、70頁。

## ２．生徒会活動の内容

（１）　生徒会活動の組織づくりと生徒会活動の計画や運営

> 　生徒が主体的に組織をつくり、役割を分担し、計画を立て、学校生活の課題を見いだし解決するために話し合い、合意形成を図り実践すること。

　生徒会の組織として、一般的には生徒全員で話し合いを行う「生徒総会」を置くこと、生徒評議委員会（中央委員会など）の審議機関を置くこと、生徒会役員会（生徒会執行部）や各種の委員会など（常設の委員会や特別に組織される実行委員会など）の組織から構成することが考えられる。生徒会活動において、学校生活の改善を図るために全校生徒の課題として取り上げ、継続的に取り組む活動としては、次のようなことが考えられる。

　・学校生活における規律とよき文化・校風の発展に関わる活動
　・環境の保全や美化のための活動

・生徒の教養や情操の向上のための活動
・よりよい人間関係を形成するための活動

　いじめの未然防止や暴力などの問題を生徒会として取り上げる際には、学校と家庭、学校と地域の連携と協力を積極的に進め、その解決に全力で当たることが必要である。

（２）　学校行事への協力

> 学校行事の特性に応じて、生徒会の組織を活用して、計画の一部を担当したり、運営に主体的に協力したりすること。

　生徒会の活動に取り組むことにより、活動の範囲が学校内外と広範囲になり、地域・社会における大人との人間関係や社会的なルールやマナーを学ぶことや、自分たちの活動の広がりや自主的な活動の必要性について実感できるような指導が大切である。学校との連絡や調整、ホームルームや学年を超えた活動の仕方や、地域の人々や幼児、高齢者等との異年齢集団による交流、障がいのある人々や外国出身者など多様な他者との協働における配慮に関わる資質・能力が身につく。

（３）　ボランティア活動などの社会参画

> 地域や社会の課題を見いだし、具体的な対策を考え、実践し、地域や社会に参画できるようにすること。

　学校内での活動の他に、地域のボランティア活動への参加、他校や他地域の人々との交流など、学校外の活動がある。まずは自分の学校内での活動が基本であるが、高校生の発達の段階から、学校外へと関心が広まることは望ましいことである。そうした活動を通して、生徒の自己有用感の醸成や学習意欲の向上が期待でき、生徒会活動がより充実する。

第 1 部　特別活動

**参考文献**
・文部科学省『小学校学習指導要領』東洋館出版社、2018年
・文部科学省『中学校学習指導要領』東山書房、2018年
・文部科学省『高等学校学習指導要領』ホームページ、2018年
・渡部邦雄・緑川哲夫・桑原健一編著『特別活動指導法―新学習指導要領準拠』日本文教出版、2018年
・国立教育研究所編『学級・学校文化を創る特別活動　中学校編』東京書籍、2016年

# 第5章　体験的な学校行事の展開

## 第1節　体験的な学校行事とは

『小学校学習指導要領解説　総則編』に、体験活動について次のように書かれている。

> ＜第1章総則の第3の1の（5）より＞
>
> 　学校において体系的・継続的に体験活動を実施していくためには、各教科等の特質に応じて教育課程を編成していくことが必要である。（略）
>
> 　各教科等の指導に当たり、教科等の特質に応じた体験を伴う学習の時間を確保するだけでなく、時間割の弾力的な編成や合科的・関連的な指導の規定等を踏まえ、例えば自然体験や社会体験を行う長期集団宿泊行事において、各教科等の内容にかかわる学習や探究的な活動が効果的に展開できると期待される場合、教科等の学習を含む計画を立て、授業時数に含めて扱う柔軟な年間指導計画を作成するなど、学校の教育活動の全体を通して体験活動の機会の充実を図る工夫をすることも考えられる。（略）
>
> 　なお、このような体験活動を効果的に実施していくためには、その意義や効果について家庭や地域と共有し、連携・協働することが重要である。また、これらの学習を展開するに当たっては、学習の内容と児童の発達の段階に応じて安全への配慮を十分に行わなければ成らない。

さらに、小学校・中学校『学習指導要領解説　特別活動編』には、特別活動における学校行事の目標について次のように述べられている。

> 　<u>全校又は学年の児童（生徒）で協力し</u>、<u>よりよい学校生活を築くための体験的な活動を通して</u>、<u>集団への所属感や連帯感を深め</u>、<u>公共の精神を養い</u>ながら、第1の目標に掲げる資質・能力を育成することを目指す。（下線は筆者）

　学校行事は、全校または学年という大きな集団を単位として行われる活動である。そこで、友達と共に日常の学校での教育活動とは違った体験をし、充実感や達成感を味わい、みんなと協力して一つのことを成し遂げたり、一つのものを作り上げた喜びや満足感を持たせたりすることにより、ねらいとする資質能力を育成することを目指している。それは、個人としての資質向上でもあるが、学級や学年、ひいては学校全体の人間関係を深めるとともに、子供同士、教師と子供たちの間の信頼関係も深めていくなど集団としての、集団の中の一員としての資質向上なのである。高等学校学習指導要領においても、ほぼ同様の目標が掲げられていることからも、特別活動の意義は非常に大きいと言える。

　特別活動は、「なすことによって学ぶ 〜 Leaning by doing」と言われるが、その最も典型的な活動がこの学校行事である。したがって、そこには単なる「お楽しみの活動」や「息抜きの時間」、「思い出作り」などではなく、しっかりとしたねらいや事前指導、当日の活動、事後指導というサイクルの下、教師の計画的な指導が求められるのである。

　子供たちにとって、非日常の活動であり、大人になっても小・中学校時代の思い出として深く心に刻まれる行事であるからこそ、教師は組織的にこれらの学校行事について前年度から検討し、準備をしていくことが重要である。

　以下、それぞれの学校行事の内容ごとに意義や特徴について述べる。

第5章　体験的な学校行事の展開

【学校行事の学習過程（小学校の例）】

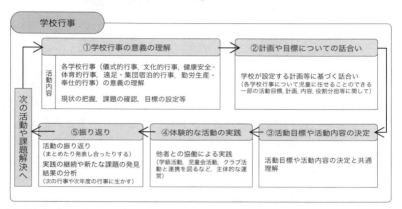

文部科学省『小学校学習指導要領（平成29年告示）解説　特別活動編　平成29年7月』東洋館出版社、118頁。

【学校行事の学習過程（中学校の例）】

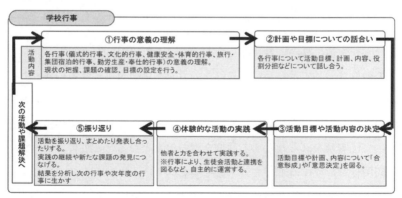

文部科学省『中学校学習指導要領（平成29年告示）解説　特別活動編　平成29年7月』東山書房、94頁。

第1部 特別活動

## 第2節 小・中・高等学校における学校行事の内容

> 全ての学年において、全校または学年を単位として次の各行事において、<u>学校生活に秩序と変化を与え</u>、<u>学校生活の充実と発展に資する</u>体験的な活動を行うことを通して、それぞれの学校行事の意義及び活動を行う上で必要となることについて理解し、主体的に考えて実践できるよう指導する。（下線は筆者）
>
> ＜小学校の内容＞
> （1）儀式的行事
> （2）文化的行事
> （3）健康安全・体育的行事
> （4）遠足・集団宿泊的行事
> （5）勤労生産・奉仕的行事
>
> ＜中・高等学校の内容＞
> （1）儀式的行事
> （2）文化的行事
> （3）健康安全・体育的行事
> （4）旅行・集団宿泊的行事
> （5）勤労生産・奉仕的行事

○「<u>学校生活に秩序と変化を与え</u>」、あるいは「体験的な活動」とは、
　他の教育活動では容易に得られない教育的価値を実現する内容としての学校行事の特質を述べたものであり、学校行事における様々な感動体験の場は、児童（生徒）の心を育て、自己の生き方についての考えを深め、自己実現を図ろうとする態度を育む機会となるとともに、より良い人間関係を形成する上でも効果的な場となる。

○「<u>学校生活の充実と発展に資する</u>」とは、
　児童（生徒）が他者と力を合わせて学校行事に取り組むことを通して、学校生活に満足感や充実感を味わえるようにすることである。そのような児童（生徒）の積極的な参加によって、結果として学校生活がより豊かになるなどの充実と発展も期待される。

# 第5章 体験的な学校行事の展開

## １．内容
（１）儀式的行事

> 学校生活に有意義な変化や折り目を付け、厳粛で清新な気分を味わい、新しい生活の展開への動機付けとなるようにすること。

＜ねらい＞

児童（生徒）の学校生活に一つの転機を与え、児童（生徒）が相互に祝いあい励ましあって喜びを共にし、決意も新たに新しい生活への希望や意欲をもてるような動機付けを行い、学校、社会、国家への所属感を深めるとともに、厳かな機会を通して集団の場における規律、気品のある態度を養う。

◆具体的には、
入学式・卒業式・始業式・終業式・修了式、立志式、開校記念に関する儀式、新任式、教職員の着任式・離任式、新入生との対面式、朝会など。

◆儀式的行事において、育成する資質・能力
○ 儀式的行事の意義や、ふさわしい参加の仕方についての理解と厳粛な場における儀礼やマナー等の規律や気品のある行動の仕方。
○ 先を見通したり、これまでの生活を振り返ったりしながら、新たな生活への自覚を高め、気品ある行動をとることができるように。
○ これまでの生活を振り返り、新たな生活への希望や意欲につなげようとする態度。

＜実施上の留意点＞
○ 形式に流されたり、厳粛な雰囲気を損なったりすることなく、ねら

○ 学級活動などの指導との関連を図って、行事の意義が児童（生徒）に理解できるようにする。
○ 入学式や卒業式では、国旗を掲揚し、国歌を斉唱することが必要。

（2）文化的行事

> 平素の学習活動の成果を発表し、自己の向上の意欲を一層高めたり、文化や芸術に親しんだりすること。

<ねらい>

児童（生徒）が学校生活を楽しく豊かにするため、互いに努力を認めながら協力して、美しいもの、よりよいものをつくり出し、互いに発表し合うことにより、自他のよさを見付け合う喜びを感得するとともに、自己の成長をふり返り、自己のよさを伸ばそうとする意欲をもつことができるようにする。また、多様な文化や芸術に親しみ、美しいものや優れたものに触れることによって豊かな情操を育てる。

◆具体的には、
○ 児童（生徒）の学習の成果発表および互いに鑑賞するもの
　（小）　学芸会・学習発表会・展覧会・作品展示会・音楽会・読書感想発表会・クラブ発表会など
　（中）　文化祭、学習発表会、音楽会（合唱祭）、作品展示会など
○ 外部の文化的な作品や催し物を鑑賞するもの
　（小中）　音楽鑑賞会、映画や演劇鑑賞会・美術館見学会、地域の伝統行事等の鑑賞会など

◆文化的行事において、育成する資質・能力
○ 他の児童（生徒）と協力して日頃の学習の成果を発表したり、美しいものや優れたもの、芸術的なものや地域やわが国の伝統文化に触れたりして、自他の個性を認め、互いに高め合うことができる力
○ 生涯にわたって、多様な文化芸術を楽しみ、伝統文化の継承や新たな文化の創造に寄与しようとする態度や、自他の成長を振り返り、自己をいっそう伸張させようとする態度。

＜実施上の留意点＞
○ 言語力の育成の観点から、各教科などで習得した知識や技能をさらに深めさせる。
○ 異学年相互の交流を図りながら、学校独自の文化と伝統を継承し、特色ある学校づくりを推進する。
○ 練習や準備に膨大な時間をかけるようなことはせず、練習や準備の在り方を工夫する。年間指導計画にあらかじめ時間数を設定する。

（3）健康安全・体育的行事

> 心身の健全な発達や健康の保持増進、事件や事故、災害等から身を守る安全な行動や規律ある集団行動の体得、運動に親しむ態度の育成、責任感や連帯感の涵養、体力の向上などに資するようにすること。

＜ねらい＞
　児童（生徒）自らが自己の発育や健康状態について関心をもち、心身の健康の保持増進に努めるとともに、身の回りの危険を予測・回避し、安全な生活に対する理解を深める。また、体育的な集団活動を通して、

心身ともに健全な生活の実践に必要な習慣や態度を育成する。さらに、児童（生徒）が運動に親しみ、楽しさを味わえるようにするとともに体力の向上を図る。


◆具体的には、
健康診断、薬物乱用防止指導、防犯等の安全に関する行事（交通安全教室、ネットセーフティ教室など）、避難訓練や防災訓練、健康・安全や学校給食に関する意識や実践意欲を高める行事。
運動会（体育祭）、各種の球技大会、競技会など。

◆健康安全・体育的行事で育成する資質・能力
○　体育的な集団活動の意義を理解し、規律ある集団行動の仕方などを身に付ける。
○　自己の生活を振り返り、他者と協力して、適切に判断して行動し、集団で協力して取り組むことができるようにする。
○　心身ともに健康で安全な生活を実践したりしようとする態度。
　　運動に親しみ、体力の向上に積極的に取り組もうとする態度。
○　豊かな自然や文化に親しむことの意義および、校外における集団生活の在り方、公衆道徳などについて理解し、必要な行動の仕方を身に付ける。
○　自然や文化・社会に親しみ、新たな視点から学校生活や学習活動の意義を考えようとする態度。


＜実施上の留意点＞
○　病気の予防等、健康に関する行事は、学級活動（2）における健康にかかわる指導や児童(生徒)会活動、体育科の保健領域との関連を図る。

○ 避難訓練など、表面的、形式的な指導に終わらず、具体的な場面を想定する。移動教室先での避難訓練も適宜指導する。また、交通安全指導や防犯指導については、学年当初より日常の安全な登下校ができるよう継続して適切な指導を行い、喫煙、飲酒、薬物乱用などの行為の有害性や違法性、防犯や情報への適切な対処や行動について理解させ、正しく判断し行動できる態度を身に付けさせる。

○ 運動会などについては、指導の過程を大切にするとともに、体育科の学習内容との関連を図るなど、時間配当に留意し、児童（生徒）の負担の度合いについて慎重に配慮することが大切である。また、児童（生徒）の安全や健康に十分留意し、教師間の協力体制を万全にし、事故防止に努める必要がある。

○ 健康安全・体育的行事については、一部の児童（生徒）の活動にならないように配慮し、それぞれすべての学年において取り組むこと。

（4）遠足（旅行）・集団宿泊的行事

> 自然の中での集団宿泊活動などの平素と異なる生活環境にあって、見聞を広め、自然や文化などに親しむとともに、よりよい人間関係を築くなどの集団生活の在り方や公衆道徳などについての体験を積むことができるようにすること。

＜ねらい＞

校外の豊かな自然や文化に触れる体験を通して、学校における学習活動を充実発展させる。また、活動を通して教師と児童（生徒）、児童（生徒）相互の人間的な触れ合いを深め、楽しい思い出をつくる。さらに、基本的な生活習慣や公衆道徳などについても体験を積み、集団生活の在り方について考え、実践し、互いを思いやり、共に協力し合ったりする

第1部　特別活動

などのよりよい人間関係を形成しようとする態度を養う。

◆具体的には、
遠足、修学旅行、野外活動、移動教室、集団宿泊活動、野外活動など。

◆遠足（旅行）・集団宿泊的行事で育成する資質・能力
○ 豊かな自然や文化に親しむことの意義および、校外における集団生活の在り方、公衆道徳などについて理解し、必要な行動の仕方を身に付ける。
○ 日常とは異なる生活環境の中での集団生活の在り方や公衆道徳について考え、学校生活や学習活動の成果を活用するように考えることができるようにする。
○ 自然や文化・社会に親しみ、新たな視点から学校生活や学習活動の意義を考えようとする態度。

＜実施上の留意点＞
○ 計画の作成に当たっては、児童（生徒）が自主的、実践的に活動できるような場を十分に考慮し、きまり・約束の遵守、人間関係を深める活動などの充実を図り、単なる物見遊山に終わることのない有意義な行事を計画・実施するよう十分留意する。
○ あらかじめ実地踏査をおこない、現地の状況や安全の確認、地理的環境や所要時間などを把握し、現地施設の従業員や協力者と事前打ち合わせを十分に行う。
○ 地域社会の社会教育施設等を積極的に活用し、自然や文化に十分触れられるよう配慮する。
○ 学級活動などにおいて、事前に、目的、日程、活動内容などについ

て指導を十分に行い、児童生徒の参加意欲を高めるとともに、保護者にも必要事項について知らせておく。
○ 必要に応じて、事前に健康診断や健康相談を行い、個々の児童（生徒）の食物アレルギー等の状況を把握しておく。
○ 宿泊を伴う行事の場合、その環境でしか実施できない教育活動を豊富に取り入れるように工夫する。学校の実態や児童（生徒）の発達段階を考慮しつつ、活動期間は一定期間（例えば5泊程度）が望まれる。長期にわたる宿泊行事は、目的地においても教科の内容に関わる学習や探究的な活動を効果的に展開することも考えられる。その場合には、各教科や領域の指導計画と整合性を図り、事前・事後の活動などの綿密な指導計画を作成する必要がある。
○ 事故防止のための万全な配慮をする。自然災害などの不測の事態に対しても、避難の手順等は事前に確認し、自校との連絡体制を整えるなど適切な対応ができるようにする。


（5）勤労生産・奉仕的行事

　この勤労生産・奉仕的行事については、小学校・中学校・高等学校と発達の段階に応じてその内容が変化しており、就労を意識して、社会人としてふさわしい資質能力を養うものとなっている。

　また、挙げられている活動の場所も、小学校では校内の飼育栽培活動、中学校では校外における職場体験活動、高等学校では就業体験活動と広がっていき、働く意義だけでなく、それぞれの場において接する人々との関わり方や接遇等についても体験を通して考えられるようになっていく。

> 勤労の尊さや生産の喜びを体得するとともに、ボランティア活動などの社会奉仕の精神を養う体験が得られるようにすること。(小)
>
> 勤労の尊さや生産の喜びを体得し、職場体験活動などの勤労観・職業観に関わる啓発的な体験が得られるようにするとともに、共に助け合って生きることの喜びを体得し、ボランティア活動などの社会奉仕の精神を養う体験が得られるようにすること。(中)
>
> 勤労の尊さや想像することの喜びを体得し、就業体験活動などの勤労観・職業観の形成や進路の選択決定などに関する体験が得られるようにするとともに、共に助け合って生きることの喜びを体得し、ボランティア活動などの社会奉仕の精神を養う体験が得られるようにすること。(高)

＜ねらい＞

学校内外の生活の中で、勤労生産やボランティア精神を養う体験的な活動を経験することによって、勤労の価値や必要性を体得できるようにするとともに、自らを豊かにし、進んで他に奉仕しようとする態度を養う。

◆具体的には、

(小) 飼育栽培活動、校内美化活動、地域社会の清掃活動、公共施設等の清掃活動、福祉施設との交流活動など。

(中) 職場体験活動、各種の生産活動、(高)就業体験活動、各種の生産活動、(中高)上級学校や職場の訪問・見学、全校美化の活動、地域社会への協力や学校内外のボランティア活動など

◆勤労生産・奉仕的行事で育成する資質・能力
○ 働くことの意義、社会的・職業的な自立について理解し、ボランティア活動などの体験活動の仕方について必要な知識や技能を身に付ける。
○ 多様な他者と協力して実践することができるようにする。
○ 勤労観や職業観を深めたり社会奉仕の精神を養ったりして、進んで勤労生産や奉仕に関わる活動に積極的に取り組み、社会に貢献しようとする態度。


＜実施上の留意点＞
○ 学校や地域社会に奉仕することで、公共の役に立つことや働くことの意義を理解し、進んで活動できるよう指導する。
○ ボランティア活動については、自発性・非営利性・公益性の特性に基づき、できる限り児童（生徒）の発意・発想を生かした貢献活動を行い、児童（生徒）が主体的に参加するように配慮する。また、活動の成果を児童（生徒）相互に認め合い、自己有用感が得られるよう事後学習を充実させる。
○ 特に中学校での職業体験活動は、学校全体として行うキャリア教育の一環として位置付け、学校の実態や生徒の発達段階を考慮しつつ、一定期間（例えば1週間（5日間）程度）にわたって行われることが望まれる。また、家庭や地域の人々、関係機関、事業所や企業、ボランティア関係団体、社会教育施設、自治会等との連携を深め、豊かな教育活動を進めていくことに十分留意する。
○ 実施に当たっては、生徒の心身の発達の段階や特性を考慮して計画し、生徒の安全に対する配慮を十分に行うようにする。

## 2．学校行事の指導計画

　特別活動の各活動や行事の年間指導計画の作成には、学校の創意工夫を生かすとともに、学校の実態や児童（生徒）の発達段階を考慮し、児童（生徒）による自主的、実践的な活動が助長されるようにする。

　また、内容相互及び各教科、道徳科、外国語活動、総合的な学習の時間の指導とも関連を図り、家庭や地域の人々との連携、社会教育施設の活用などを工夫する。さらに、生徒指導の機能を生かすことが望まれる。

## 3．学校行事の内容の取扱い

> （ア）　行事の種類ごとに、行事及びその内容を重点化するとともに、行事間の関連や統合を図る
> （イ）　体験活動を通して気付いたことなどを振り返り、まとめたり発表し合ったりするなどの活動を充実する
> （ウ）　異年齢集団による交流、幼児、高齢者、障害のある人々などとの触れ合いを充実する
> 　　　　　　　　　　学習指導要領第6章第2の3の(1)(4)より

## 4．活動の時間について

> 　特別活動の授業のうち、児童会（生徒会）活動、クラブ活動（小のみ）及び学校行事については、それらの内容に応じ、年間、学期ごと、月ごとなどに適切な授業時間を充てるものとする。
> 　　　　　　　　　学習指導要領第1章総則第3の2より

　学校行事の時数は、各校の年間計画で決められている。教科・領域の授業時数の確保と学校行事の精選は大きな課題である。

# 第6章　クラブ活動の特質

## 第1節　クラブ活動の目標と意義

　学校教育の場で、異年齢の児童生徒が本人の興味関心に基づき、集団で行う活動として、クラブ活動と部活動がある。教育現場においては、クラブ活動は小学校、部活動は中学校および高等学校で組織されている。両者は、校種と呼称の違いこそあれ、関連のある活動であり、共通のカテゴリーとして特別活動のひとつとして語られる場合も多い。

　しかし、特別活動を学ぶという視点から見ればクラブ活動と部活動には、大きな相違点がある。それは実施される校種の違いだけでない。小学校のクラブ活動は、学習指導要領で特別活動として規定されている教育課程の一環であるのに対し、中学校および高等学校の部活動は、触れられていない。部活動は教育課程外の生徒の活動とされ、特別活動の領域には含まれてないという点に留意する必要がある。ここでは小学校に焦点を当てながら、クラブ活動を考察していく。

　クラブ活動は、小学校4年生以上を対象としており、学級や学年を超えた児童同士が、共通の興味・関心を追求する活動である。その運営は、児童の自発的・自治的な活動を通して行われることが大切であり、教師には、児童の活動の過程において適切な指導や支援が求められる。

　そのクラブ活動の目標は、学習指導要領によれば、以下のように示されている。

> 　異年齢の児童同士で協力し、共通の興味・関心を追求する集団活動の計画を立てて運営することに自主的、実践的に取り組むことを

> 通して、個性の伸長を図りながら、第1の目標に掲げる資質・能力を育成することを目指す。

このように学習指導要領ではクラブ活動の目標として、特別活動の全体目標を受けるような形で、意義と学習の過程を示している。ここには幾つかの大切な用語と概念が含まれている。

目標の冒頭にある「異年齢の児童同士で協力し」とは、学級や学年の枠を超えて組織された同好の集団で、異年齢の児童と交流したり、自己の役割を果たすことにより、よりよい人間関係づくりに結び付く。かつての時代、近隣社会で児童は異年齢集団の中で群れをなして遊び、人間関係の教訓を得ていた。かつてのような機会をクラブ活動は提供している。クラブ活動には、興味・関心を追求する集団より以上の教育的な意義が期待されている。

「集団活動の計画を立てて運営することに自主的、実践的に取り組む」とは、児童たちが自主的・実践的に活動計画を立案・実行するという要素を意図している。児童たち自らが、興味・関心を追求するための計画や方法を話し合い、役割なども分担し、協力して実践したり報告したりする活動が求められる。もちろん、背後には教師の年間計画があるが、クラブの運営には児童の自主性を大切にしていく。

「個性の伸長を図り」とは、自分の興味・関心の追求を通して、自分の良さや可能性を自覚すると同時に、将来にわたって追求しようとする態度の育成を示している。単に興味・関心事を楽しむだけでなく、成果の発表や他者からの学びを適切に活用すれば、教科の学習などでは気付かない自分の良さや長所を発見する機会となる。児童の個性を自発的に輝かせる場としても活用できる。

では、クラブ活動で育てたい資質・能力とは何であろうか。学習指導

要領の解説には次の三点が示されている。

> ○ 同好の仲間で行う集団活動を通して興味・関心を追求することのよさや意義について理解するとともに、活動に必要なことを理解し活動の仕方を身に付けるようにする。
> ○ 共通の興味・関心を追求する活動を楽しく豊かにするための課題を見いだし、解決するために話し合い、合意形成を図ったり、意志決定をしたり、人間関係をよりよく形成したりすることができるようにする。
> ○ クラブ活動を通して身に付けたことを生かして、協力して目標を達成しようとしたり、現在や将来の生活に自分の良さや可能性を生かそうとしたりする態度を養う。

これらには、特別活動の本来の責務である人間関係づくりや社会参画、そして自己実現などの意識が横断的に組み込まれている。また他者と協働する、行動の仕方を習得する、意志決定をする、自己理解を深めるなどの視点も含まれている。ここで育成された資質・能力を基礎として、中学校段階の部活動などの課外活動や地域の活動、および進路選択の要素につなげたいものである。

## 第2節 クラブ活動の内容

クラブ活動の内容に関して、学習指導要領では、次のように示している。

> （1） クラブの組織づくりとクラブ活動の計画や運営
> 　児童が活動計画を立て、役割を分担し協力して運営に当たること。

第1部　特別活動

> （2）　クラブを楽しむ
> 　　異なる学年の児童と協力し、創意工夫を生かしながら共通の興味・関心を追求すること。
> （3）　クラブの成果の発表
> 　　活動の成果についてクラブの成員の発意・発想を生かし、協力して全校の児童や地域の人々に発表すること。

　内容の示し方として、項目だけでなく具体的な活動を加味している点からも理解できるように、クラブ活動の一層の充実を図るという方向が感じ取れる。そこで、内容を細かく整理してみる。

### （1）　クラブの組織づくりとクラブ活動の計画や運営

　ここでの注目点は「組織づくり」という語である。この語により、児童による組織づくりの重要性が強調されたと言える。クラブ活動も児童会活動などと同様に、児童による主体的な活動を特質としている。そのため、クラブの組織づくり・役割分担・計画の立案だけでなく、運営上の課題解決の話し合いや合意形成も自発的・自治的な活動となる。

　児童の主体性や課題解決を大切にし、児童自身が活動する場となれば、クラブ活動自体が楽しく豊かなものになるはずである。同時に児童の共通の興味・関心を追求し、異年齢の児童による活動という特質から、役割の分担の面では同学年とは異なる他者との関係づくりも学べる。特に現代では、異学年での話し合いや協力の場面は多くない。その意味でも話し合いを展開し合意形成を進め、集団としての活動する意義は大きい。

### （2）　クラブを楽しむ

　学年や学級が異なる児童が、「楽しむ」のがクラブ活動である。もち

ろん、ただ楽しむだけではない。この背後には、組織づくり・自主的な運営と計画などがあり、同時に児童自身には興味・関心を追求している充実感や満足感の存在が大きい。興味・関心を同じくする児童同士が、話し合い、教え合い、共通の目的に向かって活動する機会は、人格形成にとって有益である。ここでの経験が、学校生活の充実に結びつく場合もある。

　また、学校や地域の実態にもよるが、児童の興味・関心を基本としながら、地域の伝統や文化と関連付けて、地域の教育力を活用しながら楽しむことも可能である。地域の行事への参加や地域の課題解決への取り組みなど、地域への交流と発信も考えられる。校外での活動を行う際には、児童の安全確保や協力者との間での共通理解が必要となる。

### (3)　クラブの成果の発表

　おそらく学校内には、多種多様なクラブが組織されるだろう。クラブ活動は興味・関心が同じ児童集団の中で完結するわけでない。児童が、共通の興味・関心を追求してきた成果を、各種の発表の場で報告し、全ての児童で共有する機会が求められる。もちろん発表の機会は、児童会などが主催する形式の発表会だけでない。運動会や学芸会などの学校行事の場も考えられる。展示や実演などの手法もある。表現方法は、クラブの特性によって異なるであろうが、いずれにしろ発表には、クラブの成員の発意・発想により、発表の工夫・役割の分担などが検討されるはずである。

　また別の視点からみれば、成果の発表は、扱い方によっては、地域社会との連携や交流の場ともなり得るはずである。地域社会の「人・もの・こと」に触れるクラブ活動の場合などは、自分たちの学習成果の披露により、地域と学校を近付ける。児童の地域での生活意欲を高めるだけで

なく、学校の公開性も保証してくれる。

## 第3節　クラブ活動の年間計画

　クラブ活動も教育課程の一環であるため、各学校が作成する年間指導計画に組み込まれる。その際に配慮する点として、学習指導要領では次のように示している。

> 　学校の創意工夫を生かし、学級や学校、地域の実態、児童の発達の段階などを考慮するとともに、…（中略）…内容相互及び各教科、道徳科、外国語活動、総合的な学習の時間などの指導との関連を図り、児童による自主的、実践的な活動が助長されるようにすること。また、家庭や地域の人々との連携、社会教育施設等の活用などを工夫すること。

　ここからは指導計画を考える上でのキーワードが幾つか見てとれる。

　当然であるが、特別活動に限らず、学校教育では「学級や学校、地域の実態」を視野に入れなければならない。特にクラブ活動では、児童数や学級数・学校の施設や教師の組織も考慮して、クラブの数や所属児童人数、活動内容などを決める必要がある。さらには地域性を加味して、交流や野外活動などを楽しむクラブも計画されるだろう。

　クラブ活動では、特別活動としての学級活動や児童会活動だけでなく、「（各教科などの）指導との関連」も大切な視点となる。各教科などで身につけた資質・能力などを、クラブの中で活用したり、クラブ活動での成果を各教科などで応用したりすることも可能となる。

　「児童による自主的、実践的な活動が助長されるよう」な配慮も大切である。児童がクラブ活動の計画を作成し、主体的・自治的に活動するようになれば、自分たちで課題解決の道筋を考えるようになる。異年齢

での協力や連携を進めながらの活動などが、児童に満足感や充実感を与えることになるであろう。

　学校を取り巻く世界との関係づくりの面からは、「家庭や地域の人々との連携」もクラブ活動では可能となる。クラブ活動の計画や実践での協力、行事と関連付けた発表会での学校公開など、各種の連携が考えられる。学校の所在する地域の環境や伝統などを考慮して計画に組み込みたいものである。

　このような指導計画を基にクラブの設置を考えた場合、次のような配慮点がある。

　　ア　児童の興味・関心ができるだけ生かされるようにすること
　　イ　教科的な色彩の濃い活動を行うクラブ活動の組織にならないこと
　　ウ　学校や地域の実態を踏まえること

　学校としては、これら配慮点を踏まえた上で、全教職員が関わってクラブの指導計画を作成する必要がある。なぜなら、クラブ活動で育成する資質・能力の方向を、全教職員の共通理解とし、統一した指導姿勢を保つためである。教師の協働と連携が、よりよい指導計画を生む。学校が指導計画に示す内容としては、次のようなものなどが考えられる。

　　○　学校におけるクラブ活動の目標、指導の方針
　　○　クラブの組織と構成
　　○　活動時間の設定
　　○　年間に予想される主な活動
　　○　活動に必要な備品、消耗品
　　○　活動場所
　　○　指導上の留意点
　　○　クラブを指導する教師の指導体制
　　○　評価の観点と方法

もちろんクラブの運営は、児童の興味・関心を追求する自主的な活動を大切にしなければならない。故に、学校が示す内容は、児童の自発的・自治的な活動を実現する基本的な枠組みとなる。この枠組みを受けて、児童たちが、活動の目標・各月などの活動内容、準備する物、役割分担などを話し合いながら決定し、クラブを運営することになる。

　現代の学校においても、年間指導計画が立案され、クラブ活動が計画されているが、実際の実施となると十分とは言い難い現実がある。文部科学省が行った「公立小・中学校における教育課程の編成・実施状況調査」（平成27年度）によると、クラブ活動の年間授業時間数は次の表のようになる。

| 授業時間(時間) | 5以下 | 6～10 | 11～15 | 16～20 | 21以上 |
| --- | --- | --- | --- | --- | --- |
| 学校数の割合(％) | 3.2 | 40.4 | 35.2 | 18.1 | 3.7 |

　この調査の対象が19,985校の5年生と限られているが、年間で10時間を下回る学校が4割を超える。学校の中には、クラブの時間を連続させる試みや、行事との連携など独自の工夫を展開しているが、時間数は決して多いとは言えない。児童が協力しながら、共通の興味・関心を追求する楽しい時間をもう少し大切にしたいものである。

# 第7章　特別活動における教師の役割

## はじめに

　急速に変化していくこれからの時代を多様な他者と協働しながらたくましく生き抜くために、体験的に学ぶ場である特別活動は、学校教育の中で大変重要な役割をもっている。

　集団や自分自身の課題解決に取り組む特別活動の成果を上げるためには、子供たちが自分のよさや可能性に気づき、様々な個性をもつ友達と関わり合いながら互いに尊重し合い高め合える学級をつくる必要がある。また、学級がよりよい生活集団・学習集団となるために、教師の意図的・計画的な学級経営と子供たち一人一人を大切にした厳しくも温かい指導が大変重要であるといえる。

　教師の深い児童理解によって、個々のよさは引き出される。自分のよさを認められた子供たちは自分に自信をもち、さらに成長したいと自分に磨きをかけていく。また、お互いが学び合いながら集団を高めていけるように、教師の様々な働きかけが必要である。見通しをもった指導や適切な支援、時には距離を置いて見守ることが子供たちの自発的・自治的な活動の支えとなる。

　本章では、具体的な事例から特別活動における教師の役割について述べることとする。

## 第1節　集団の中で高まる自己肯定感

　アキコさんは、いつも伏し目がちで教師がノートを点検しようとするとサッと姿勢をかがめてノートを隠してしまう。授業中も指名されない

ように背を丸めてまるで身を縮めているようにさえ見えた。そんなアキコさんも中学生となり吹奏楽クラブに入部した。憧れのフルートを手にしたアキコさんは、毎日一人でもコツコツと練習に励んでいた。「アキコさんの真面目な練習態度はみんなのお手本になりますね」という教師の言葉に、友達もアキコさんに注目し始めた。「アキコさんのフルートの音色って心が癒やされるよね」少しずつ学級の中でもアキコさんの存在が輝き出してきた。

秋の合唱コンクールの時、音楽教師のアドバイスもあってアキコさんのフルートの伴奏で合唱にチャレンジした1年2組は、全校生徒の注目の的となった。その頃からアキコさんは、笑顔が素敵な女の子という印象に変わっていった。音楽で力を発揮したアキコさんは、その後、学習にも意欲を示すようになり、ノートを両腕で覆い隠すことも、指名されないように背を丸めるようなこともなくなった。3年生になると吹奏楽クラブの部長になり、学校行事で全校生徒の指揮をとるまでに成長していった。

教師には子供の内に潜んでいる宝を発見し、それを価値づけていくという役割がある。「あなたには素晴らしい力がある」と他者から認められた子供は、自分に自信をもち、努力してもっとよくなりたいと思うようになる。その意欲を引き上げ支援していくのも教師の大事な役目である。

アキコさんは、引き出された能力に気づくだけでなく、友達から認められたことによって自己肯定感を高めていった。自分を認め自分を好きになることで、よりよく生きたい、納得する生き方をしたいという欲求が高まっていく。このことは、特別活動が目標としている「自己実現」の基盤となるものである。

## 第2節　様々な人間関係の中で生まれる自己有用感

　アキオくんは、低学年の頃から地域のサッカークラブに所属していた。運動能力が高いこともあり、3年生の頃から高学年の子供たちに交じってレギュラーとなり、大会にも出場していた。努力しなくても周りから持ち上げられてリーダーの役に就いてはいたものの、5年生になった頃からアキオくんの自己中心的な考え方や強引さに友達は不満をもち始めていた。これまでは、当然のように学級の友達から班長に推薦されたり、学級会でも自分の意見がそのまま採用されたりしていたのだが、だんだんにアキオくんは学級の中心から外れていった。自分の思い通りにいかなくなったアキオくんは、「どうしてオレの言うことを聞かないんだよ！」と友達に当たり散らすことが多くなっていった。

　6年生になった時、アキオくんは、異年齢集団による交流「縦割り班活動」のリーダーになった。「縦割り班活動」では、1年生から6年生までが15人ほどのグループを編成し、一緒に遊んだり清掃活動をしたりする。「1年生はまだ入学したばかりだからリーダーが教室に迎えに行って体育館に並ばせてください」アキオくんは、担当の教師から言われた通り、自分の班の1年生を迎えに行った。「12班のお兄さんが迎えに来ましたよ」という担任の教師の言葉に二人の男の子がアキオくんの所に走り寄ってきた。思わずアキオくんは、しゃがんで二人の男の子を両手に抱きかかえていた。その日からアキオくんは、「縦割り班活動」の日が来ると、担任から言われなくても低学年の子供たちを迎えに行き遊ぶ姿が見られるようになった。

　「実は、12班のシゲルくんは、入学してからなかなか学校になじめなくてお休みする日が続いていました。でも、アキオくんと遊ぶのがとても楽しみになったようで、縦割り班活動が始まってからずっと休まずに

学校に来ています。大好きなアキオくんのことをお家に帰ってからもお母さんに話しているみたいで、お母さんからもお礼を言われました」とシゲルくんの担任から聞いた話を担当教師が伝えると、はにかみながらも清々しい表情を見せたアキオくんであった。

　今まで運動能力が優れ目立つ存在ということで周りからリーダーとしての扱いを受けていたアキオくんであったが、本当の意味でのリーダーとして成長はしていなかった。そのことに気づき、苛立ちを見せていたこともあったが、「縦割り班」のリーダーとして低学年の子供たちから好かれ信頼されるという経験を通して、自分は必要とされているのだという自己有用感がアキオくんの心の中に生まれたのだ。

　アキオくんの課題は、アキオくんの"自己中心的で強引"という概念が固定された学年・学級集団の中での解決は難しいと考えられた。新たに編成される集団の中で、自分の役割を明らかにし、自分自身を見つめながら、誰かのために役に立つという経験がアキオくんには必要だったのだ。新しい人間関係の中で、下学年の子供たちの活動を補佐し楽しむという経験を通してアキオくんの中に思いやりの心が育っていった。その後、アキオくんは学級の中でも友達と折り合いをつけうまく人間関係を築こうと努力する様子が見られるようになった。「よりよい人間関係の形成」は、特別活動が担う大きな役割の一つである。

　教師は、子供が変わろうとするタイミングを見計らって機を逃さずに適切な場を設定し、子供の様子を見守っていくことが大切である。そして、変容を認め褒めるとともに、自信につなげていくような支援も忘れてはならない。

　異年齢集団による交流には、多様な人々の存在に気づき協働することの大切さや、他者の役に立つことの喜びを得られるというよさがあることを認識しておいてほしい。

## 第3節 達成感や感動を味わうことができる「わたしたち」の学級

　体力向上のために年に2回縄跳び大会が開催されている学校である。高学年になった子供たちは、長縄跳びで記録を出そうと張り切っていた。しかし、縄跳びが苦手なヨシコさんとミノルくんは、どうしても跳ぶときにリズムが崩れてしまう。皆が記録更新を目指し熱くなっているのが分かるだけに、二人は、肩身の狭い思いをしていた。

　いよいよ全校縄跳び大会の日、ミノルくんは前日からの熱のため欠席であった。「ヨシコさん、頑張ろうね。落ち着いて跳べば大丈夫だから」と友達の励ましもあったが、やはりミスが続いてしまい、学年最下位という結果になってしまった。ヨシコさんは、自分も休めばよかったと自己嫌悪に陥って泣き出してしまった。2回目の縄跳び大会は、半年後の1月である。5年1組では次回の長縄跳びで学年優勝を果たすための話し合いが行われた。「今回の大会は、クラス替えがあったばかりでまだチームワークもできていなかったし、これからみんなで力を合わせれば絶対優勝が狙えると思う」「みんなができる練習メニューを考えよう」などと、前向きな意見が多く出されたが、「私には自信がありません。みんなの足を引っ張るのは辛いから、次の大会には出ません」とヨシコさんが言うと、「ぼくも体力なくてすぐ熱が出てしまうし、思うように練習にも出られないと思うから大会から外してください」とミノルくんも続けた。しばらく、学級内に重苦しい空気が流れた。

　すると、「みんなでやるから意味があるんじゃないかな。苦手でもちょっと体力がなくてもまだ半年あるんだよ。全員が参加して勝てる方法を考えようよ」と、体育委員のヤスシくんが力強く言った。その言葉に学級のあちらこちらから拍手が起こり、「ヨシコさん、ミノルくん、一緒にやろう。5年1組みんなでやらなきゃだめだよ。みんな仲間じゃ

第1部　特別活動

ない」と口々に言いながら、子供たちはヨシコさんとミノルくんの周りに集まった。

　その話し合いからすぐに夏休みとなり、9月には、運動会の練習が始まった。5年生の表現運動は「ソーラン節」に決まり子供たちの頭の中からは縄跳び大会のことは薄れつつあった。しかし、新たな運動会の目標に向かって学級はさらに団結していった。

　ミノルくんは、低学年の頃から祖父に和太鼓を習っていたこともあって、「ソーラン節」の和太鼓担当に立候補し練習に励んでいた。ヨシコさんは、得意な家庭科の力を生かして「ソーラン節」の衣装の型紙を作り、先頭に立って衣装作りに汗を流していた。

　そして、学級・学年全体が一つになって運動会は大成功に終わり、一週間後に反省会が行われた。2組の代表委員から「衣装を担当してくれた1組のヨシコさんへの感謝の言葉が2組から多く出されました。目立たないところで活躍してくれている人がいたからこそ、ソーラン節は見ている人たちに感動を与えられたのだと思います」という意見のあと、3組の代表委員からも「1組のミノルくんにもお礼が言いたいです。長身のミノルくんの和太鼓姿はかっこよくてソーラン節をすごく盛り上げてくれたと思います」という発言があった。

　反省会の様子は代表委員から学級に報告され、5年1組は大いに盛り上がり、ヨシコさんとミノルくんは一躍1組のヒーローとなりみんなで喜びを分かち合うことができた。

　縄跳び大会が2か月後に迫った時、「ぼく、ヤスシくんと縄跳びの持ち手をやるよ。ヤスシくんと身長のバランスがとれるのは、ぼくだけだと思うから」とミノルくんが自分から申し出てきた。もちろんみんなその意見に賛同し練習が始まった。半年前には縄に入るのをこわがっていたヨシコさんだったが、「イチ・ニッ・サーン」と友達の掛け声に合わ

せてリズムよく跳べるようになっていた。運動会という大きな行事に学級全体が心を合わせみんなでやり切ったという達成感が自信となり、次の目標である長縄跳びへと意欲が向けられていたのだ。その後どんどん子供たちは記録を更新し、1月の大会の長縄跳びで5年1組が学年優勝したのは言うまでもない。「やったー！　優勝だあ」賞状を手にしたヤシくんの言葉を受けて、「5年1組バンザーイ！」と1組全員が肩を組みながら叫んでいた。5年1組の感動が全校に伝わったのか、校庭には大きな歓声が沸き起こった。

　特別活動の基本は、みんなで楽しむということだ。一人ではできないことが、みんなでやるから楽しいし、みんなで頑張ったから感動を味わうことができるのだ。しかしながら、様々な個性や考えをもつ人たちの集まりである集団が目標を達成するまでには多くの壁があり、それを乗り越えるには苦しみが伴うこともある。うまくいかないのを誰かのせいにしたり、嫌だから投げ出してしまったりしたら、もうそこで終わってしまう。この集団で何とかしなければならないと子供たちは悩みながら考え、話し合い、前に進む力を獲得していくのだ。

　教師は、学級の課題を集団の中でどう解決させていくべきか、子供たちの人間関係を丁寧に観察し、豊かに関わらせていくための方策を練る必要がある。その中で、努力している子供を褒め、学級の仲間として一緒に頑張ることができる友達の存在に気づかせることが大切である。

　5年1組は、ヨシコさんとミノルくんの努力を認め尊敬し、みんなでよくなろうとする温かい学級であった。そんな環境の中で、二人もみんなの役に立とうと自分自身を励まし、友達のために前向きに進む勇気をもつことができた。自分を信じてくれる友達がいると実感した時に子供の能力は不思議なほど高まる。仲間によって引き出される子供の能力の素晴らしさを目の当たりにした時、教師もまた子供とともに成長できた

喜びを味わう。子供たちにとって辛いことや苦しいことを踏み台にしてやり切り、みんなで目標を達成したという感動は貴重な経験となり、生きる力へとつながっていくものなのである。

## 第4節　発意・発想を尊重した自主的な活動

卒業式を前に、各学校では「6年生を送る会」が児童会活動として行われる。次年度から児童会の中心となる5年生が計画を立て、6年生が最後に全校と交流する場となる。

代表委員会に提案する内容について児童会役員の子供たちが担当の教師の所に相談にやってきた。「児童会の旗を6年生から引き継ぐ儀式の時、ぼくたちは6年生にお礼の言葉を言うことになっていますが、何となくそれだけでは感謝の気持ちを伝えきれないような気がするのです」次期会長候補のワタルくんが言った。話をよく聞いてみると、一年間全校をリードしてくれた6年生の児童会活動の様子を劇にしてみんなに伝え、学校のために頑張ってくれたことを全校児童で感謝したいというのだった。

これまでの「6年生を送る会」のプログラムにはないサプライズである。アイディアは申し分ないものであったが、出し物を増やすことは、児童の負担過重になることが懸念された。「その劇は、ぼくたち役員がやります。プログラムには載せないでサプライズとして6年生を驚かせたいんです。先生、ぼくたちの指導をお願いします」劇の目的と内容に加え、練習日程が記されている計画書を見た担当の教師は、子供たちの本気と熱意を何とか実現させたいと「6年生を送る会」の案を作り直し、職員会議に提案した。教師も代表委員も確認済みのサプライズであるので、本当の意味のサプライズではないかもしれないが、ワタルくんたちはなるべくみんなに知られないように準備をし、「6年生を送る会」の

当日を迎えた。

　児童会の旗を引き継ぐ儀式が終わりもうすぐサプライズがはじまるという時、教師全員がドキドキしながらワタルくんたちを見守っていた。プログラムにはない出し物に、子供たちは何が起こったのだろうと一瞬体育館の中は静まり返った。6年生がリードしてきた委員会活動や縦割り班活動の様子や苦労話などが劇化された魅力ある内容に子供たちは集中していた。下学年の子供たちの心の中に6年生に対する憧れや尊敬の気持ちが湧き上がるとともに、6年生の心には、取り組んできたそれぞれの活動がよみがえり、一年間のかけがえのない思い出として心に刻まれたことであろう。

　劇が終わった時、ワタルくんたちの目に映ったのは全校児童の感動の姿である。自分たちの考えが認められ、目標達成のために仲間と協力して頑張った。その努力の過程を振り返りながらワタルくんたちは大きな達成感を得ることができたに違いない。このサプライズは大いに評価され、毎年、児童会役員の出し物の一つとしてプログラムの中に組み込まれることになった。

　6年生に感謝の気持ちを伝えたいというワタルくんたちの発意・発想を大事にし、実現させたことで、全校児童の自発的・自治的な活動に刺激を与えることができた。そして、子供たちの「私たちの学校は素晴らしい」という学校への愛着や誇りに思う心を育て、学校としての活力を高めることができたのだ。

　「6年生を送る会」というこれまで前年踏襲で行われてきた活動を自分事として真剣に考え、行動に移すそうとする子供の意欲はこれから先、主体的に生きようとする力の源となるであろう。

　自発的、自治的な児童会活動を活発にするためには、学校としての指導体制を整え、全ての教師が計画や運営にあたる児童に積極的に関わる

必要がある。また、子供自身が楽しくよりよい学校生活づくりに意欲的に参画できるように組織的な指導をすることが望まれる。小学校での学校生活の充実と向上を図るための児童会活動で育まれる資質・能力は、中学校や高等学校における生徒会活動において、またその後は、地域社会の自治的な活動において生かされ育まれていくものである。

## おわりに

　子供たちがよりよく生きるためには、一人一人に正しい価値観をもたせ、多くの人たちから認められるように導いていく必要がある。そのために、世の中で通用しないことは学校の中でも許さないという教師の毅然とした姿勢を貫くことが重要である。「してはならないことはしない、やらなければならないことはやる」という信念をもち、正義を通すことが教師には求められているのである。

　しかし、どれほど整備された学校生活の中でも問題は起こるものだ。解決を急ぎ教師が一方的に解決策を子供に押し付けると、子供の中では「先生が言うから」と処理してしまい、自分事として行動できなくなってしまう。自分が所属している集団の問題なのだから、みんなで原因を探り、解決策をみんなで考えていくことが大切なのだ。

　そして、みんなで考えた解決策を踏まえながら、自分はどうするのかという意思決定をさせることが大事である。子供は、自分が考え決めたことであるから一生懸命に努力し達成を目指す。このように様々な場面で意思決定するという経験を積み重ねることによって主体的に生きる力が育まれていく。子供たちは目の前の課題を自分事として真剣に考え、話し合いを通して自分たちの力で答えを見出し、実践し振り返る。この学習過程を子供の力を信じ、見守るということが教師にとってとても大切なことである。

それに加え、自分の努力が全体の問題を解決するために役立ったという喜びが、よりよい集団をつくろうとする力の基盤となるのである。多くの体験を通して、友達と一緒に頑張ることの喜びや努力することの尊さについて学び身につけた力は、今生きている社会をさらによくしていくための活力となるのだ。

 特別活動によって身に付けた力は数値化や可視化されにくい。そこで、今、子供たちが活動を通して学んだことや振り返ったことを記録しファイリングすることが進められている。このことによって教師や保護者が子供の成長を確認することもでき、将来に夢や希望をもって努力する子供たちへの支援にもつなげられる。このようなファイルは、中学校・高等学校へと活用していくことでさらに成果が期待できるであろう。

# 第2部　総合的な学習の時間

　我が国の学校教育は、各教科の内容の充実と教師の指導方法の工夫に支えられて発展してきた。各教科の学力は、世界的な規模の学力調査においても、常にトップクラスにある。児童生徒の発達段階に沿った教材が上手に配置され、教師の絶え間ない努力により実現した成果だと言える。

　21世紀となり、社会構造や技術の急速な変化の中、これからの社会を生き抜く児童生徒には、各教科で得られた知識や技術を統合して活用する資質や能力が求められるようになってきた。そこで1998（平成10）年と1999（平成11）年の学習指導要領から、小学校から高等学校に総合的な学習の時間が設定された。これは、現在の改革を先取りするような要素を持っていた。

　これからの社会は、グローバル化や人工知能の進化などが急速に進むだろう。このような社会で児童生徒は、様々な変化に向き合い、他者と協働して課題を解決し、複雑な状況を乗り切らねばならない。そのためには、各教科の知識や技能を統合・総合化する学びとしての総合的な学習の時間（高等学校では、総合的な探究の時間）が求められるのである。

# 第1章　総合的な学習の時間の意義と変遷

## 第1節　総合的な学習の時間の意義

　現代の日本社会は、少子高齢化、家族形態の多様化、グローバル化、急速な技術革新などに象徴されるように、まさに変化の時代をむかえている。教育の領域に目を向けてみると、いじめや不登校、家庭・地域の教育力の低下、直接体験の減少など、児童生徒の成長発達に関する課題を取り上げると枚挙にいとまがない。

　このような時代にあって、学校教育においては今までも様々なかたちで教育内容・教育方法に関する検討が進められてきた。近年では、こうした社会状況を受けて、学校教育が目指すものとして「確かな学力」「豊かな人間性」「健康・体力」といった「生きる力」の育成が提唱されるようになった。ここでは、児童生徒を取り巻く様々な教育課題に対応するための有効な解決策として1998（平成10）・1999（平成11）年の学習指導要領以降、小学校中学年から高等学校に導入されている「総合的な学習の時間」の意義や変遷について再認識することによって、今後の学校教育の在り方について検証していくこととしたい。

### 1．総合的な学習の時間の意義

　1996（平成8）年、中央教育審議会答申「21世紀を展望した我が国の教育の在り方について」（第一次答申）が出された。この答申では、子供たちの生活などの現状を踏まえるとともに、これからの社会を展望し、今後の教育の基本方向として「生きる力」の育成が提言された。今後の学校教育は「『生きる力』の育成を基本とし、知識を一方的に教え込む

第1章　総合的な学習の時間の意義と変遷

ことになりがちであった教育から、子供たちが、自ら学び、自ら考える教育への転換を目指す」ことの必要性について指摘されたのである。そして、その解決策の一つとして提言されたのが、総合的な学習の時間の創設であった。

　その後、1998（平成10）年の教育課程審議会答申では、「自ら学び、自ら考える力などの『生きる力』は全人的な力であることを踏まえ、国際化や情報化をはじめ社会の変化に主体的に対応できる資質や能力を育成するために教科等の枠を超えた横断的・総合的な学習をより円滑に実施するための時間を確保することである。我々は、この時間が、自ら学び自ら考える力などの『生きる力』をはぐくむことを目指す今回の教育課程の基準の改善の趣旨を実現する極めて重要な役割を担うもの」として総合的な学習の時間の創設の趣旨が説明され、改めてその重要性について提言されたのであった。このような経緯の中、改訂された1998（平成10）・1999（平成11）年の学習指導要領は、「生きる力」、すなわち「いかに社会が変化しようと、自分で課題を見つけ、自ら学び、自ら考え、主体的に判断し、行動し、よりよく問題を解決する資質や能力」、「自らを律しつつ、他人とともに協調し、他人を思いやる心や感動する心など、豊かな人間性」、「たくましく生きるための健康や体力」などの資質能力の育成を重要な課題としていた。その実現に向けて、学校教育に総合的な学習の時間を設けることにより、横断的・総合的な指導を行うことが求められたのである。こうして、総合的な学習の時間は、小・中学校では2002（平成14）年度、高等学校では2003（平成15）年度から全国の学校において本格的に実施されることになった。

　総合的な学習の時間では、国際理解、情報、環境、福祉・健康などの横断的・総合的な課題、児童生徒の興味・関心に基づく課題、地域や学校の特色に応じた課題、職業や自己の将来に関わる課題について探究的

な学習を実施していくことが求められている。これらの活動は、教科ではなく特別活動と並ぶ実質上の領域として位置付けられ、教育内容や方法、到達基準、評価方法などについては、文部科学省が学習指導要領等によって大枠を示しているのみである。具体的な目標や内容については各学校で定め、実施することになる。すなわち、各学校において自由な発想のもとで創意工夫を生かした教育活動を展開することが期待されているのである。このことは、総合的な学習の時間がもつ「教科の枠組みを超えた活動」という特色を生かし、教科と総合的な学習の時間のそれぞれの特質を曖昧にせず、互いに固有なねらいをもったものとして関連付けながら教育課程を編成し、展開していくことの必要性を意味している。総合的な学習の時間は、今日の学校教育が目指している児童生徒の「生きる力」の育成にも大きな影響を与えるものである。既述したように総合的な学習の時間の意義とは、児童生徒を取り巻く環境が変化し、それに伴い複雑化・困難化してきた諸課題に主体的に取り組み解決をしていく資質や能力、すなわち「生きる力」の育成にある。なお、総合的な学習の時間については、2017（平成29）・2018（平成30）年の学習指導要領において、各学校の教育の質を向上させ、学習の効果の最大化を図るカリキュラム・マネジメントの中核になることが明示されていることからも、その教育的意義をふまえて教育課程を編成し、教育活動を展開していくことの重要性が一層強調されていることを確認することができるであろう。

## 第2節　総合的な学習の時間の変遷

　前節で述べたように、総合的な学習の時間は1998（平成10）・1999（平成11）年の学習指導要領によって創設された、教育課程の歴史の上でも比較的新しい教育活動である。ここでは、学習指導要領における取り扱

第1章　総合的な学習の時間の意義と変遷

いの変遷に基づき、それぞれの時期における教育課程上の位置付けについて学校段階ごとにみていくこととしたい。

## 1．1998（平成10）・1999（平成11）年学習指導要領
［小学校］
1　総合的な学習の時間においては、各学校は、地域や学校、児童の実態等に応じて、横断的・総合的な学習や児童の興味・関心等に基づく学習など創意工夫を生かした教育活動を行うものとする。
2　総合的な学習の時間においては、次のようなねらいをもって指導を行うものとする。
　（1）　自ら課題を見付け、自ら学び、自ら考え、主体的に判断し、よりよく問題を解決する資質や能力を育てること。
　（2）　学び方やものの考え方を身に付け、問題の解決や探究活動に主体的、創造的に取り組む態度を育て、自己の生き方を考えることができるようにすること。
3　各学校においては、2に示すねらいを踏まえ、例えば国際理解、情報、環境、福祉・健康などの横断的・総合的な課題、児童の興味・関心に基づく課題、地域や学校の特色に応じた課題などについて、学校の実態に応じた学習活動を行うものとする。
4　各学校における総合的な学習の時間の名称については、各学校において適切に定めるものとする。
5　総合的な学習の時間の学習活動を行うに当たっては、次の事項に配慮するものとする。
　（1）　自然体験やボランティア活動などの社会体験、観察・実験、見学や調査、発表や討論、ものづくりや生産活動など体験的な学習、問題解決的な学習を積極的に取り入れること。

(2) グループ学習や異年齢集団による学習などの多様な学習形態、地域の人々の協力も得つつ全教師が一体となって指導に当たるなどの指導体制、地域の教材や学習環境の積極的な活用などについて工夫すること。

(3) 国際理解に関する学習の一環としての外国語会話等を行うときは、学校の実態等に応じ、児童が外国語に触れたり、外国の生活や文化などに慣れ親しんだりするなど小学校段階にふさわしい体験的な学習が行われるようにすること。

※年間授業時数は、第3・4学年105時間、第5・6学年110時間。


［中学校］

1 総合的な学習の時間においては、各学校は、地域や学校、生徒の実態等に応じて、横断的・総合的な学習や生徒の興味・関心等に基づく学習など創意工夫を生かした教育活動を行うものとする。

2 総合的な学習の時間においては、次のようなねらいをもって指導を行うものとする。

(1) 自ら課題を見付け、自ら学び、自ら考え、主体的に判断し、よりよく問題を解決する資質や能力を育てること。

(2) 学び方やものの考え方を身に付け、問題の解決や探究活動に主体的、創造的に取り組む態度を育て、自己の生き方を考えることができるようにすること。

3 各学校においては、2に示すねらいを踏まえ、例えば国際理解、情報、環境、福祉・健康などの横断的・総合的な課題、生徒の興味・関心に基づく課題、地域や学校の特色に応じた課題などについて、学校の実態に応じた学習活動を行うものとする。

4 各学校における総合的な学習の時間の名称については、各学校にお

いて適切に定めるものとする。
5 総合的な学習の時間の学習活動を行うに当たっては、次の事項に配慮するものとする。
  （1） 自然体験やボランティア活動などの社会体験、観察・実験、見学や調査、発表や討論、ものづくりや生産活動など体験的な学習、問題解決的な学習を積極的に取り入れること。
  （2） グループ学習や異年齢集団による学習などの多様な学習形態、地域の人々の協力も得つつ全教師が一体となって指導に当たるなどの指導体制、地域の教材や学習環境の積極的な活用などについて工夫すること。
  ※年間授業時数は、第1学年70~100時間、第2学年70~105時間、第3学年70~130時間。

［高等学校］
1 総合的な学習の時間においては、各学校は、地域や学校、生徒の実態等に応じて、横断的・総合的な学習や生徒の興味・関心等に基づく学習など創意工夫を生かした教育活動を行うものとする。
2 総合的な学習の時間においては、次のようなねらいをもって指導を行うものとする。
  （1） 自ら課題を見付け、自ら学び、自ら考え、主体的に判断し、よりよく問題を解決する資質や能力を育てること。
  （2） 学び方やものの考え方を身に付け、問題の解決や探究活動に主体的、創造的に取り組む態度を育て、自己の在り方生き方を考えることができるようにすること。
3 各学校においては、上記2に示すねらいを踏まえ、地域や学校の特色、生徒の特性等に応じ、例えば、次のような学習活動などを行うも

のとする。
  ア　国際理解、情報、環境、福祉・健康などの横断的・総合的な課題についての学習活動
  イ　生徒が興味・関心、進路等に応じて設定した課題について、知識や技能の深化、総合化を図る学習活動
  ウ　自己の在り方生き方や進路について考察する学習活動
4　各学校における総合的な学習の時間の名称については、各学校において適切に定めるものとする。
5　総合的な学習の時間の学習活動を行うに当たっては、次の事項に配慮するものとする。
  （1）　自然体験やボランティア活動、就業体験などの社会体験、観察・実験・実習、調査・研究、発表や討論、ものづくりや生産活動など体験的な学習、問題解決的な学習を積極的に取り入れること。
  （2）　グループ学習や個人研究などの多様な学習形態、地域の人々の協力も得つつ全教師が一体となって指導に当たるなどの指導体制、地域の教材や学習環境の積極的な活用などについて工夫すること。
  （3）　総合学科においては、総合的な学習の時間における学習活動として、原則として上記3のイに示す活動を含むこと。
6　職業教育を主とする学科においては、総合的な学習の時間における学習活動により、農業、工業、商業、水産、家庭若しくは情報の各教科に属する「課題研究」、「看護臨床実習」又は「社会福祉演習」（以下この項において「課題研究等」という。）の履修と同様の成果が期待できる場合においては、総合的な学習の時間における学習活動をもって課題研究等の履修の一部又は全部に替えることができる。また、課題研究等の履修により、総合的な学習の時間における学習活動と同

様の成果が期待できる場合においては、課題研究等の履修をもって総合的な学習の時間における学習活動の一部又は全部に替えることができる。
※授業時数については、卒業までに105~210単位時間を標準とし、各学校において、学校や生徒の実態に応じて、適切に配当するものとした。

## 2．2003（平成15）年学習指導要領の一部改正

2002（平成14）年の学習指導要領の全面実施以降、総合的な学習の時間の成果は一部で見られてきたものの、実施に当たっての難しさも表面化することになった。つまり、各学校において目標や内容を明確に設定されていない、必要な力が児童生徒に身に付いたかどうか検証・評価が適切に行われていない、教科との関連に十分配慮していない、適切な指導が行われず、教育効果が十分に上がっていないなどの課題が指摘されるようになったのである。実施に当たって各学校や教師の創意工夫が求められる総合的な学習の時間は、実際に教育現場に戸惑いや学校間における温度差をもたらすこともあった。そこで文部科学省は、2003（平成15）年に中央教育審議会答申「初等中等教育における当面の教育課程及び指導の充実・改善方策」を出し、同年12月には学習指導要領を一部改正することにより、総合的な学習の時間の目標および内容を定めるとともに、指導の在り方や展開する上での工夫について、学習指導要領の中に明確に位置付けたのであった。具体的な改正内容は以下のようなものである。

ア　総合的な学習のねらいとして、各教科、道徳及び特別活動で身に付けた知識や技能等を相互に関連付け、学習や生活において生かし、それらが総合的に働くようにすることを加えて、規定したこと。

イ 各学校において総合的な学習の時間の目標及び内容を定める必要があることを規定したこと。
ウ 各学校において総合的な学習の時間の全体計画を作成する必要があることを規定したこと。
エ 総合的な学習の時間の目標及び内容に基づき、児童生徒の学習状況に応じて教師が適切な指導を行う必要があることを規定したこと。また、学校図書館の活用、他の学校との連携、各種社会教育施設や社会教育関係団体等との連携、地域の教材や学習環境の積極的な活用などについて工夫する必要があることを明確にしたこと。

## 3．2008（平成20）・2009（平成21）年改訂の学習指導要領

　2008（平成20）・2009（平成21）年の学習指導要領の改訂において、総合的な学習の時間は、変化の激しい社会に対応して、自ら課題を見付け、自ら学び、自ら考え、主体的に判断し、よりよく問題を解決する資質や能力を育てることなどをねらいとすることから、思考力・判断力・表現力等が求められる「知識基盤社会」の時代においてますます重要な役割を果たすものであるとされた。そのため、総合的な学習の時間の教育課程における位置付けを明確にし、各学校における指導の充実を図るため、総合的な学習の時間の趣旨等について、学習指導要領の総則から取り出し新たに章立てがなされた。つまり、2008（平成20）・2009（平成21）年の改訂で総合的な学習の時間の目標に関する記述が独立し明確化されたのである。

［小学校］
第1　目標
　横断的・総合的な学習や探究的な学習を通して、自ら課題を見付け、

自ら学び、自ら考え、主体的に判断し、よりよく問題を解決する資質や能力を育成するとともに、学び方やものの考え方を身に付け、問題の解決や探究活動に主体的、創造的、協同的に取り組む態度を育て、自己の生き方を考えることができるようにする。

第2　各学校において定める目標及び内容

　1　目標

　　各学校においては、第1の目標を踏まえ、各学校の総合的な学習の時間の目標を定める。

　2　内容

　　各学校においては、第1の目標を踏まえ、各学校の総合的な学習の時間の内容を定める。

第3　指導計画の作成と内容の取扱い

1　指導計画の作成に当たっては、次の事項に配慮するものとする。

　（1）　全体計画及び年間指導計画の作成に当たっては、学校における全教育活動との関連の下に、目標及び内容、育てようとする資質や能力及び態度、学習活動、指導方法や指導体制、学習の評価の計画などを示すこと。

　（2）　地域や学校、児童の実態等に応じて、教科等の枠を超えた横断的・総合的な学習、探究的な学習、児童の興味・関心等に基づく学習など創意工夫を生かした教育活動を行うこと。

　（3）　第2の各学校において定める目標及び内容については、日常生活や社会とのかかわりを重視すること。

　（4）　育てようとする資質や能力及び態度については、例えば、学習方法に関すること、自分自身に関すること、他者や社会とのかかわりに関することなどの視点を踏まえること。

　（5）　学習活動については、学校の実態に応じて、例えば国際理解、

情報、環境、福祉・健康などの横断的・総合的な課題についての学習活動、児童の興味・関心に基づく課題についての学習活動、地域の人々の暮らし、伝統と文化など地域や学校の特色に応じた課題についての学習活動などを行うこと。
(6) 各教科、道徳、外国語活動及び特別活動で身に付けた知識や技能等を相互に関連付け、学習や生活において生かし、それらが総合的に働くようにすること。
(7) 各教科、道徳、外国語活動及び特別活動の目標及び内容との違いに留意しつつ、第1の目標並びに第2の各学校において定める目標及び内容を踏まえた適切な学習活動を行うこと。
(8) 各学校における総合的な学習の時間の名称については、各学校において適切に定めること。
(9) 第1章総則の第1の2及び第3章道徳の第1に示す道徳教育の目標に基づき、道徳の時間などとの関連を考慮しながら、第3章道徳の第2に示す内容について、総合的な学習の時間の特質に応じて適切な指導をすること。

2 第2の内容の取扱いについては、次の事項に配慮するものとする。
(1) 第2の各学校において定める目標及び内容に基づき、児童の学習状況に応じて教師が適切な指導を行うこと。
(2) 問題の解決や探究活動の過程においては、他者と協同して問題を解決しようとする学習活動や、言語により分析し、まとめたり表現したりするなどの学習活動が行われるようにすること。
(3) 自然体験やボランティア活動などの社会体験、ものづくり、生産活動などの体験活動、観察・実験、見学や調査、発表や討論などの学習活動を積極的に取り入れること。
(4) 体験活動については、第1の目標並びに第2の各学校におい

て定める目標及び内容を踏まえ、問題の解決や探究活動の過程に適切に位置付けること。
（５）　グループ学習や異年齢集団による学習などの多様な学習形態、地域の人々の協力も得つつ全教師が一体となって指導に当たるなどの指導体制について工夫を行うこと。
（６）　学校図書館の活用、他の学校との連携、公民館、図書館、博物館等の社会教育施設や社会教育関係団体等の各種団体との連携、地域の教材や学習環境の積極的な活用などの工夫を行うこと。
（７）　国際理解に関する学習を行う際には、問題の解決や探究活動に取り組むことを通して、諸外国の生活や文化などを体験したり調査したりするなどの学習活動が行われるようにすること。
（８）　情報に関する学習を行う際には、問題の解決や探究活動に取り組むことを通して、情報を収集・整理・発信したり、情報が日常生活や社会に与える影響を考えたりするなどの学習活動が行われるようにすること。
※年間授業時数は、第３学年から第６学年まで70時間。


[中学校]
第１　目標
　横断的・総合的な学習や探究的な学習を通して、自ら課題を見付け、自ら学び、自ら考え、主体的に判断し、よりよく問題を解決する資質や能力を育成するとともに、学び方やものの考え方を身に付け、問題の解決や探究活動に主体的、創造的、協同的に取り組む態度を育て、自己の生き方を考えることができるようにする。
第２　各学校において定める目標及び内容

第2部　総合的な学習の時間

1　目標

　　各学校においては、第1の目標を踏まえ、各学校の総合的な学習の時間の目標を定める。

2　内容

　　各学校においては、第1の目標を踏まえ、各学校の総合的な学習の時間の内容を定める。

第3　指導計画の作成と内容の取扱い

1　指導計画の作成に当たっては、次の事項に配慮するものとする。

（1）　全体計画及び年間指導計画の作成に当たっては、学校における全教育活動との関連の下に、目標及び内容、育てようとする資質や能力及び態度、学習活動、指導方法や指導体制、学習の評価の計画などを示すこと。その際、小学校における総合的な学習の時間の取組を踏まえること。

（2）　地域や学校、生徒の実態等に応じて、教科等の枠を超えた横断的・総合的な学習、探究的な学習、生徒の興味・関心等に基づく学習など創意工夫を生かした教育活動を行うこと。

（3）　第2の各学校において定める目標及び内容については、日常生活や社会とのかかわりを重視すること。

（4）　育てようとする資質や能力及び態度については、例えば、学習方法に関すること、自分自身に関すること、他者や社会とのかかわりに関することなどの視点を踏まえること。

（5）　学習活動については、学校の実態に応じて、例えば国際理解、情報、環境、福祉・健康などの横断的・総合的な課題についての学習活動、生徒の興味・関心に基づく課題についての学習活動、地域や学校の特色に応じた課題についての学習活動、職業や自己の将来に関する学習活動などを行うこと。

（6） 各教科、道徳及び特別活動で身に付けた知識や技能等を相互に関連付け、学習や生活において生かし、それらが総合的に働くようにすること。
（7） 各教科、道徳及び特別活動の目標及び内容との違いに留意しつつ、第1の目標並びに第2の各学校において定める目標及び内容を踏まえた適切な学習活動を行うこと。
（8） 各学校における総合的な学習の時間の名称については、各学校において適切に定めること。
（9） 第1章総則の第1の2及び第3章道徳の第1に示す道徳教育の目標に基づき、道徳の時間などとの関連を考慮しながら、第3章道徳の第2に示す内容について、総合的な学習の時間の特質に応じて適切な指導をすること。

2　第2の内容の取扱いについては、次の事項に配慮するものとする。
（1） 第2の各学校において定める目標及び内容に基づき、生徒の学習状況に応じて教師が適切な指導を行うこと。
（2） 問題の解決や探究活動の過程においては、他者と協同して問題を解決しようとする学習活動や、言語により分析し、まとめたり表現したりするなどの学習活動が行われるようにすること。
（3） 自然体験や職場体験活動、ボランティア活動などの社会体験、ものづくり、生産活動などの体験活動、観察・実験、見学や調査、発表や討論などの学習活動を積極的に取り入れること。
（4） 体験活動については、第1の目標並びに第2の各学校において定める目標及び内容を踏まえ、問題の解決や探究活動の過程に適切に位置付けること。
（5） グループ学習や異年齢集団による学習などの多様な学習形態、地域の人々の協力も得つつ全教師が一体となって指導に当

たるなどの指導体制について工夫を行うこと。
(6) 学校図書館の活用、他の学校との連携、公民館、図書館、博物館等の社会教育施設や社会教育関係団体等の各種団体との連携、地域の教材や学習環境の積極的な活用などの工夫を行うこと。
(7) 職業や自己の将来に関する学習を行う際には、問題の解決や探究活動に取り組むことを通して、自己を理解し、将来の生き方を考えるなどの学習活動が行われるようにすること。

※年間授業時数は、第1学年50時間、第2・3学年は70時間。


［高等学校］
第1　目標
　横断的・総合的な学習や探究的な学習を通して、自ら課題を見付け、自ら学び、自ら考え、主体的に判断し、よりよく問題を解決する資質や能力を育成するとともに、学び方やものの考え方を身に付け、問題の解決や探究活動に主体的、創造的、協同的に取り組む態度を育て、自己の在り方生き方を考えることができるようにする。
第2　各学校において定める目標及び内容
　1　目標
　　各学校においては、第1の目標を踏まえ、各学校の総合的な学習の時間の目標を定める。
　2　内容
　　各学校においては、第1の目標を踏まえ、各学校の総合的な学習の時間の内容を定める。
第3　指導計画の作成と内容の取扱い
　1　指導計画の作成に当たっては、次の事項に配慮するものとする。

(1) 全体計画及び年間指導計画の作成に当たっては、学校における全教育活動との関連の下に、目標及び内容、育てようとする資質や能力及び態度、学習活動、指導方法や指導体制、学習の評価の計画などを示すこと。
(2) 地域や学校、生徒の実態等に応じて、教科等の枠を超えた横断的・総合的な学習、探究的な学習、生徒の興味・関心等に基づく学習など創意工夫を生かした教育活動を行うこと。
(3) 第2の各学校において定める目標及び内容については、日常生活や社会とのかかわりを重視すること。
(4) 育てようとする資質や能力及び態度については、例えば、学習方法に関すること、自分自身に関すること、他者や社会とのかかわりに関することなどの視点を踏まえること。
(5) 学習活動については、地域や学校の特色、生徒の特性等に応じて、例えば国際理解、情報、環境、福祉・健康などの横断的・総合的な課題についての学習活動、生徒が興味・関心、進路等に応じて設定した課題について知識や技能の深化、総合化を図る学習活動、自己の在り方生き方や進路について考察する学習活動などを行うこと。
(6) 各教科・科目及び特別活動で身に付けた知識や技能等を相互に関連付け、学習や生活において生かし、それらが総合的に働くようにすること。
(7) 各教科・科目及び特別活動の目標及び内容との違いに留意しつつ、第1の目標並びに第2の各学校において定める目標及び内容を踏まえた適切な学習活動を行うこと。
(8) 各学校における総合的な学習の時間の名称については、各学校において適切に定めること。

（9） 総合学科においては、総合的な学習の時間の学習活動として、原則として生徒が興味・関心、進路等に応じて設定した課題について知識や技能の深化、総合化を図る学習活動を含むこと。

2　第2の内容の取扱いについては、次の事項に配慮するものとする。

（1） 第2の各学校において定める目標及び内容に基づき、生徒の学習状況に応じて教師が適切な指導を行うこと。

（2） 問題の解決や探究活動の過程においては、他者と協同して問題を解決しようとする学習活動や、言語により分析し、まとめたり表現したりするなどの学習活動が行われるようにすること。

（3） 自然体験や就業体験活動、ボランティア活動などの社会体験、ものづくり、生産活動などの体験活動、観察・実験・実習、調査・研究、発表や討論などの学習活動を積極的に取り入れること。

（4） 体験活動については、第1の目標並びに第2の各学校において定める目標及び内容を踏まえ、問題の解決や探究活動の過程に適切に位置付けること。

（5） グループ学習や個人研究などの多様な学習形態、地域の人々の協力も得つつ全教師が一体となって指導に当たるなどの指導体制について工夫を行うこと。

（6） 学校図書館の活用、他の学校との連携、公民館、図書館、博物館等の社会教育施設や社会教育関係団体等の各種団体との連携、地域の教材や学習環境の積極的な活用などの工夫を行うこと。

※総合的な学習の時間については、すべての生徒に履修させるものとし、その単位数は3～6単位とされた。ただし、特に必要がある場合には、その単位数を2単位とすることができる。

第 1 章　総合的な学習の時間の意義と変遷

　本章においては、総合的な学習の時間が導入された1998（平成10）・1999（平成11）年の学習指導要領から2008（平成20）・2009（平成21）年の学習指導要領の改訂に至るまでの意義と変遷について、学校段階ごとの取扱いについて確認してきた。総合的な学習の時間は、児童生徒の「生きる力」を培う活動として各学校の創意工夫によって意欲的に展開され、これまでに重要な役割を果たしてきた。しかしながら、児童生徒の主体性を生かした課題解決や探究活動が中心となるため、実施に当たって準備に相当の時間を要するなど学校や教員にかかる負担も多く、結果として本来の目的とはかけ離れた表層的な学習に終始してしまう面が見られたことも事実であった。現在では、総合的な学習の時間は独立したものではなく、各教科等と一体になって構成されるべきものであるという認識を教育関係者が改めて共有し、その連携・協力のもと、児童生徒の「生きる力」を培う活動として展開していくことが求められている。これは、学校教育に対する時代的・社会的な要請でもあり、大いに期待されるところなのであろう。

　なお、2017（平成29）・2018（平成30）年に改訂された学習指導要領における総合的な学習の時間および、今次の改訂によって名称変更された高等学校の総合的な探究の時間については、次章「総合的な学習の時間の目標と内容」において詳しくみていくことにしたい。

**参考文献**
・高浦勝義編著『総合学習の理論』黎明書房、1997（平成9）年
・佐々井利夫・高島秀樹・及川芙美子・味形修『総合演習』明星大学出版部、2008（平成20）年
・田中耕治編『よくわかる教育課程』ミネルヴァ書房、2009（平成21）年
・田中耕治・水原克敏・三石初雄・西岡加名恵『新しい時代の教育課程 第4版』2018（平成30）年
・森田真樹・篠原正典編著『総合的な学習の時間』ミネルヴァ書房、2018（平成

第2部　総合的な学習の時間

30）年

文部科学省ホームページ
「学習指導要領『生きる力』」
　　http://www.mext.go.jp/a_menu/shotou/new-cs/index.htm
　　　・現行学習指導要領の基本的な考え方
　　　・現行学習指導要領（本文、解説、資料等）
「総合的な学習の時間」
　　http://www.mext.go.jp/a_menu/shotou/sougou/main14_a2.htm
国立教育政策研究所ホームページ「学習指導要領データベース」
　　https://www.nier.go.jp/guideline/

# 第2章　総合的な学習の時間の目標と内容

　本章では、2017（平成29）・2018（平成30）年の学習指導要領における「総合的な学習の時間（高等学校は「総合的な探究の時間」に変更）」の目標と内容を確認しながら、改訂の特色をみていくこととする。2002（平成14）・2003（平成15）年の導入当初は、いわゆる「学力低下」に拍車をかけるものとして、否定的な意見もみられた総合的な学習の時間であったが、各学校の創意工夫を生かした教育研究・教育実践によって、今日では、これからの時代を生きる児童生徒の資質・能力を育むことに大変に有効であるとの認識を得ることとなった。その上で、2017（平成29）・2018（平成30）年の学習指導要領が目指す、生きて働く「知識及び技能」の習得、未知の状況にも対応できる「思考力・判断力・表現力等」の育成、学びを人生や社会に生かそうとする「学びに向かう力・人間性等」の涵養の三つの柱を踏まえながら、「生きる力」を育むには、今後、総合的な学習の時間はどのようにあるべきなのか、新学習指導要領の内容に拠りながら検討していくことにしたい。

## 第1節　総合的な学習の時間の目標

### 1．2017（平成29）・2018（平成30）年改訂の趣旨と要点

　総合的な学習の時間は、学校が児童生徒の実態等に応じて、教科等の枠を超えた横断的・総合的な学習とすることと同時に、探究的な学習や協働的な学習とすることが重要であるとしてきた。特に、探究的な学習を実現するため、「①課題の設定→②情報の収集→③整理・分析→④まとめ・表現」の探究のプロセスを明示し、学習活動を発展的に繰り返していくことを重視してきた。近年、全国学力・学習状況調査の分析等に

おいては、総合的な学習の時間で探究のプロセスを意識した学習活動に取り組んでいる児童生徒ほど各教科の正答率が高い傾向にあること、探究的な学習活動に取り組んでいる児童生徒の割合が増えていることなど、その成果が明らかになっている。また、総合的な学習の時間が果たしている役割は、OECD（経済協力開発機構）が実施する生徒の学習到達度調査（PISA）における好成績につながったことのみならず、学習の姿勢の改善に資するものとして、国際的に高く評価されている。

　こうした、総合的な学習の時間の学習上の成果を踏まえ、2017（平成29）・2018（平成30）年の学習指導要領では、今後の課題と更なる期待として、以下のような改善点が指摘された。

・総合的な学習の時間を通してどのような資質・能力を育成するのかということや、総合的な学習の時間と各教科等との関連を明らかにするということについては学校により差がある。これまで以上に総合的な学習の時間と各教科等の相互の関わりを意識しながら、学校全体で育てたい資質・能力に対応したカリキュラム・マネジメントが行われるようにすることが求められている（小・中・高共通）。
・探究のプロセスの中でも「整理・分析」、「まとめ・表現」に対する取組が十分ではないという課題がある。探究のプロセスを通じた一人一人の資質・能力の向上をより一層意識することが求められる（小・中・高共通）。
・地域の活性化につながるような事例が生まれている一方で、本来の趣旨を実現できていない学校もあり、小・中学校の取組の成果の上に高等学校にふさわしい実践が十分に展開されているとは言えない状況にある（高等学校）。
・各学校段階における総合的な学習の時間の実施状況や、義務教育9年

間の修了時及び高等学校修了時までに育成を目指す資質・能力、高大接続改革の動向等を考慮すると、高等学校においては、小・中学校における総合的な学習の時間の取組の成果を生かしつつ、より探究的な活動を重視する視点から、位置付けを明確化し直すことが必要と考えられる（高等学校）。

各学校においては、教科等の目標や内容を見通し、特に学習の基盤となる資質・能力（言語能力、情報活用能力（情報モラルを含む）、問題発見解決能力等）や現代的な課題に対応していくために求められる資質・能力の育成のためには、教科等横断的な学習を充実することや、「主体的・対話的で深い学び」の実現に向けた授業改善を単元や題材のまとまりを通して行うことが必要とされている。また、教育課程を軸に学校教育の改善・充実の好循環を生みだすカリキュラム・マネジメントの実現を目指すことも要請されているのである。

さらに、今次の改訂において名称変更された総合的な探究の時間については、社会への出口に近い高等学校が、初等中等教育からの縦のつながりにおいて総仕上げを行う学校段階として果たすべき役割を象徴するものでもあると言えるだろう。高等学校における総合的な探究の時間を通して、自己の在り方生き方に照らし、自己のキャリア形成の方向性と関連付けながら、自ら課題を発見し解決していくための資質・能力を育成することが社会的に期待されているのである。

1998（平成10）・1999（平成11）年に創設され、これまで大きな成果を上げてきた総合的な学習の時間であるが、多くの研究・実践を蓄積してきた現在においても、以上のような改善すべき点を有しているということが改めて明らかにされた。それでは、こうした点に配慮しながら、総合的な学習の時間はいかにあるべきなのか、2017（平成29）・2018（平成30）年の改訂では、各学校段階において①改訂の基本的な考え方、②

目標の改善、③学習内容、学習指導の改善・充実として次のような内容が示されている。

<総合的な学習の時間>（小学校・中学校）
（1）　改訂の基本的な考え方
　・総合的な学習の時間においては、探究的な学習の過程を一層重視し、各教科等で育成する資質・能力を相互に関連付け、実社会・実生活において活用できるものとするとともに、各教科等を越えた学習の基盤となる資質・能力を育成する。
（2）　目標の改善
　・総合的な学習の時間の目標は、「探究的な見方・考え方」を働かせ、総合的・横断的な学習を行うことを通して、よりよく課題を解決し、自己の生き方を考えていくための資質・能力を育成することを目指すものであることを明確化した。
　・教科等横断的なカリキュラム・マネジメントの軸となるよう、各学校が「総合的な学習の時間」の目標を設定するに当たっては、各学校における教育目標を踏まえて設定することを示した。
（3）　学習内容、学習指導の改善・充実
　・各学校は総合的な学習の時間の目標を実現するにふさわしい探究課題を設定するとともに、探究課題の解決を通して育成を目指す具体的な資質・能力を設定するよう改善した。
　・探究的な学習の中で、各教科等で育成する資質・能力を相互に関連付け、実社会・実生活の中で総合的に活用できるものとなるよう改善した。
　・教科等を越えた全ての学習の基盤となる資質・能力を育成するため、課題を探究する中で、協働して課題を解決しようとする学習活動や、

言語により分析し、まとめたり表現したりする学習活動(比較する、分類する、関連付けるなどの、「考えるための技法」を活用する)、コンピュータ等を活用して、情報を収集・整理・発信する学習活動(情報手段の基本的な操作を習得し、情報や情報手段を主体的に選択、活用できるようにすることを含む)が行われるように示した。
- 自然体験やボランティア活動などの体験活動、地域の教材や学習環境を積極的に取り入れること等は引き続き重視することを示した。
- プログラミングを体験しながら論理的思考力を身に付ける学習活動を行う場合には、探究的な学習の過程に適切に位置付くようにすることを示した(※小学校のみ)。

### ＜総合的な探究の時間＞（高等学校）

　2018（平成30）年の改訂では、高等学校における総合的な学習の時間の名称を「総合的な探究の時間」に変更している。これは、2016（平成28）年12月の中央教育審議会答申において「高等学校においては、小・中学校における総合的な学習の時間の取組の成果を生かしつつ、より探究的な活動を重視する視点から、位置付けを明確化し直すことが必要である」との指摘を受けたものであった。

（１）　改訂の基本的な考え方
- 高等学校においては、名称を「総合的な探究の時間」に変更し、小・中学校における総合的な学習の時間の取組を基盤とした上で、各教科・科目等の特質に応じた「見方・考え方」を総合的・統合的に働かせることに加えて、自己の在り方生き方に照らし、自己のキャリア形成の方向性と関連付けながら「見方・考え方」を組み合わせて統合させ、働かせながら、自ら問いを見いだし探究する力を育成す

るようにした。
(2) 目標の改善
- 「総合的な探究の時間」の目標は、「探究の見方・考え方」を働かせ、横断的・総合的な学習を行うことを通して、自己の在り方生き方を考えながら、よりよく課題を発見し解決していくための資質・能力を育成することを目指すものであることを明確化した。
- 教科・科目等横断的なカリキュラム・マネジメントの軸となるよう、各学校が総合的な探究の時間の目標を設定するに当たっては、各学校における教育目標を踏まえて設定することを示した。

(3) 学習内容、学習指導の改善・充実
- 各学校は総合的な探究の時間の目標を実現するにふさわしい探究課題を設定するとともに、探究課題の解決を通して育成を目指す具体的な資質・能力を設定するよう改善した。
- 課題の解決や探究活動の中で、各教科・科目等で育成する資質・能力を相互に関連付け、実社会・実生活の中で総合的に活用できるものとなるよう改善した。
- 教科・科目等を越えた全ての学習の基盤となる資質・能力を育成するため、課題を探究する中で、他者と協働して課題を解決しようとする学習活動や、言語により分析し、まとめたり表現したりする学習活動（比較する、分類する、関連付けるなどの、「考えるための技法」を自在に活用する）、コンピュータや情報通信ネットワークなどを適切かつ効果的に活用して、情報を収集・整理・発信する学習活動（情報や情報手段を主体的に選択し活用できるようにすることを含む）が行われるように示した。
- 自然体験や就業体験活動、ボランティア活動などの社会体験、ものづくり、生産活動などの体験活動、観察・実験・実習、調査・研究、

発表や討論などの学習活動を積極的に取り入れること等は引き続き重視することを示した。

既述したように、総合的な探究の時間では、高等学校が初等中等教育の縦のつながりの総仕上げを行う学校段階として、自己の在り方や生き方に照らし合わせて、自己の将来、すなわちキャリア教育の方向性と関連付けながら、自ら課題を発見し解決していくための資質・能力を育成することが求められているのである。

## ２．総合的な学習の時間の目標

2017（平成29）・2018（平成30）年の学習指導要領では、総合的な学習の時間および総合的な探究の時間が、児童生徒一人一人の発達段階に配慮しながら、どのような教育目標を踏まえて展開されるべきなのか、以下のような規定がなされた。

＜総合的な学習の時間＞（小学校・中学校）
第1　目標
　探究的な見方・考え方を働かせ、横断的・総合的な学習を行うことを通して、よりよく課題を解決し、自己の生き方を考えていくための資質・能力を次のとおり育成することを目指す。
　（1）　探究的な学習の過程において、課題の解決に必要な知識及び技能を身に付け、課題に関わる概念を形成し、探究的な学習のよさを理解するようにする。
　（2）　実社会や実生活の中から問いを見いだし、自分で課題を立て、情報を集め、整理・分析して、まとめ・表現することができるようにする。
　（3）　探究的な学習に主体的・協働的に取り組むとともに、互いのよ

さを生かしながら、積極的に社会に参画しようとする態度を養う。

＜総合的な探究の時間＞（高等学校）
第1　目標
　探究の見方・考え方を働かせ、横断的・総合的な学習を行うことを通して、自己の在り方生き方を考えながら、よりよく課題を発見し解決していくための資質・能力を次のとおり育成することを目指す。
（1）　探究の過程において、課題の発見と解決に必要な知識及び技能を身に付け、課題に関わる概念を形成し、探究の意義や価値を理解するようにする。
（2）　実社会や実生活と自己との関わりから問いを見いだし、自分で課題を立て、情報を集め、整理・分析して、まとめ・表現することができるようにする。
（3）　探究に主体的・協働的に取り組むとともに、互いのよさを生かしながら、新たな価値を創造し、よりよい社会を実現しようとする態度を養う。

　総合的な学習の時間は、横断的・総合的な学習を行うことを通して、よりよく課題を解決し、自己の生き方を考えていくための資質・能力を育成することを目標としていることが明確化されている。一方、総合的な探究の時間「1　目標」では総合的な学習の時間の「よりよく課題を解決し、自己の生き方を考えていく」ではなく、代わりに「自己の在り方生き方を考えながら、よりよく課題を発見し解決していく」という表現が用いられている。これらの目標の違いは、生徒の発達の段階において求められる探究の姿と関わっており、課題と自分自身との関係性で考えることができるであろう。小学校・中学校における総合的な学習の時

間は、課題を解決することで自己の生き方を考えていく学びであるのに対して、高等学校における総合的な探究の時間は、自己の在り方生き方と一体的で不可分な課題を自ら発見し、解決していくような学びを展開していくということである。

　また、総合的な学習の時間、総合的な探究の時間の目標では、（１）、（２）、（３）の内容にあるように、他教科と同様に新学習指導要領における三つの柱、すなわち、「知識及び技能」、「思考力・判断力・表現力等」、「学びに向かう力・人間性等」の育成が示されている。

### ３．探究的な学習

　「探究的な見方・考え方」（総合的な探究の時間では、「探究の見方・考え方」）を働かせるということを目標の冒頭に置いたのは、探究的な学習や探究の重要性を鑑み、その過程こそが総合的な学習の時間および総合的な探究の時間の本質と捉え、中心に据えることを意味している。これらの学習では、問題解決的な学習が発展的に繰り返されていく。これを探究的な学習（総合的な探究の時間では「探究」）と呼び、小・中・高等学校の『学習指導要領解説　総合的な学習（探究）の時間編』では、それぞれ「探究的な学習における児童の姿」、「探究的な学習における生徒の姿」、「探究における生徒の学習の姿」として、図のような一連の過程が示されている。

　総合的な学習の時間および総合的な探究の時間においては、実際の活動を通して児童生徒における４つの学習のプロセスを想定することができる。これらの過程はスパイラルに連続しており、そのなかで児童生徒にあっては、以下のような学習に向かう姿勢や取組を期待することができるのである。

第2部　総合的な学習の時間

**【探究的な学習における児童の学習の姿】**

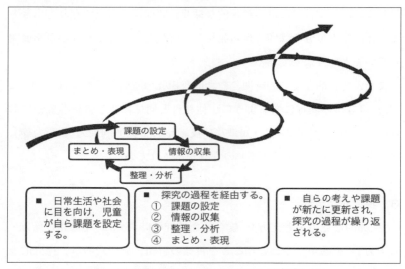

出典：文部科学省「小学校学習指導要領解説　総合的な学習の時間編」2008


　児童生徒は、
① 　日常生活や社会に目を向けた時に湧き上がってくる疑問や関心に基づいて、自ら課題を見付け、
② 　そこにある具体的な問題について情報を収集し、
③ 　その情報を整理・分析したり、知識や技能に結び付けたり、考えを出し合ったりしながら問題の解決に取り組み、
④ 　明らかになった考えや意見などをまとめ・表現し、そこからまた新たな課題を見付け、更なる問題の解決を始めるといった学習活動を発展的に繰り返していく。

　小学校・中学校の総合的な学習の時間では、次のような児童生徒の姿を見いだすことができる。

・事象を捉える感性や問題意識が揺さぶられて、学習活動への取組が真剣になる。
・身に付けた知識及び技能を活用し、その有用性を実感する。
・見方が広がったことを喜び、更なる学習への意欲を高める。
・概念が具体性を増して理解が深まる。
・学んだことを自己と結び付けて、自分の成長を自覚したり自己の生き方を考えたりする。

また、高等学校における総合的な探究の時間では、次のような生徒の姿を見いだすことが期待される。
・事象を自己の在り方生き方を考えながら捉えることで、感性や問題意識が揺さぶられて、学習活動への取組が真剣になる。
・自己との関わりを意識して課題を発見する。
・広範な情報源から多様な方法で情報を収集する。身に付けた知識及び技能を活用し、その有用性を実感する。
・議論を通して問題の解決方法を生み出す。概念が具体性を増して理解が深まる。見方が広がったことを喜び、更なる学習への意欲を高める。

このように、探究的な学習や探究においては、児童生徒の豊かな学習の姿が見られるのである。ただし、この①②③④の過程を固定的に捉える必要はないであろう。なぜならば、探究的な学習や探究のように、物事の本質を探って見極めようとする活動では、①から④の順序が入れ替わったり、ある活動が重点的に行われたりすることは、当然起こり得ることだからである。

こうした探究の過程を支えるのが「探究的な（探究の）見方・考え方」

である。この考え方には二つの要素が含まれる。一つは、各教科等における見方・考え方を総合的に働かせることである。つまり、各教科等の特質に応じた見方・考え方を、探究的な学習や探究の過程において、適宜総合的に活用できるようにすることである。もう一つは、総合的な学習の時間（総合的な探究の時間）に固有な見方・考え方を働かせることである。特定の教科等だけでは捉えきれない事象を多様な観点から、俯瞰して捉えることであり、探究的な学習や探究を通して、自身に関する事柄について問い続けていくという、総合的な学習の時間および総合的な探究の時間に特有な視点である。したがって、教員は上記の二つの重要な要素についても十分に留意しながら、児童生徒が学習活動を展開していくことができるよう努めなければならない。

## 4．横断的・総合的な学習

　横断的・総合的な学習を行うというのは、総合的な学習の時間および総合的な探究の時間における学習の対象や領域が、特定の教科等の内容にとどまらず、横断的・総合的でなければならないことを表している。換言すれば、この時間で行われる学習では、教科等の枠を超えて探究する価値ある課題について、すでに各教科等で身に付けた資質・能力を活用・発揮しながら、解決に向けて学習活動を展開するということである。

　これらの時間では、国際理解、情報、環境、福祉・健康などの現代的な諸課題に対応する横断的・総合的な課題、地域や学校の特色に応じた課題、生徒の興味・関心に基づく課題、職業や自己の進路に関する課題など、従来の教科等の枠組みでは対応することが困難であった事柄に探究的に取り組むことをねらいとしている。

**5．よりよく課題を解決し、自己の生き方を考えていく（自己の在り方生き方を考えながら、よりよく課題を発見し解決していく）**

　既にふれたように、総合的な学習の時間と総合的な探究の時間で育成する資質・能力は、それぞれ「よりよく課題を解決し、自己の生き方を考えていく」、「自己の在り方生き方を考えながら、よりよく課題を発見し解決していく」こととされており、意味合いは異なっている。小・中学校における総合的な学習の時間で育む資質・能力は探究課題を解決するためのものであり、またそれを通して、自己の生き方を考えることにつながるものでなければならない。一方、総合的な探究の時間においては、小・中学校とは異なり、自己の在り方生き方と一体的で不可分な課題を自ら発見し、解決していくような学びを展開していくこととなる。これは高等学校が、初等中等教育の総仕上げを行う学校段階として、自己の在り方生き方に照らし、自己のキャリア形成の方向性と関連付けながら、よりよく自ら課題を発見し解決していくための資質・能力を育成することが求められているからである。

## 第2節　総合的な学習の時間の内容

　第1節においては、2017（平成29）・2018（平成30）年に改訂された学習指導要領における総合的な学習の時間および総合的な探求の時間の目標について概観してきた。ここからは、小学校・中学校『学習指導要領解説　総合的な学習の時間編』と『高等学校学習指導要領解説　総合的な探究の時間編』の「各学校において定める目標及び内容の取り扱い」を参考にしながら、どのような内容が各活動における特有な教育目標を実現するにふさわしい探究活動となるのか検証していくことにしたい。

　ここでは、総合的な学習の時間および総合的な探究の時間を展開するにあたって、各学校段階の第1に規定された目標を踏まえた、定めるべ

第2部 総合的な学習の時間

き内容や取り扱いについて確認していくこととする。

＜総合的な学習の時間＞（小学校・中学校）
2　内容
　　各学校においては、第1の目標を踏まえ、各学校の総合的な学習の時間の内容を定める。
3　各学校において定める目標及び内容の取扱い
　　各学校において定める目標及び内容の設定に当たっては、次の事項に配慮するものとする。
（1）　各学校において定める目標については、各学校における教育目標を踏まえ、総合的な学習の時間を通して育成を目指す資質・能力を示すこと。
（2）　各学校において定める目標及び内容については、他教科等の目標及び内容との違いに留意しつつ、他教科等で育成を目指す資質・能力との関連を重視すること。
（3）　各学校において定める目標及び内容については、日常生活や社会との関わりを重視すること。
（4）　各学校において定める内容については、目標を実現するにふさわしい探究課題、探究課題の解決を通して育成を目指す具体的な資質・能力を示すこと。
（5）　（小学校の場合）目標を実現するにふさわしい探究課題については、学校の実態に応じて、例えば、国際理解、情報、環境、福祉・健康などの現代的な諸課題に対応する横断的・総合的な課題、地域の人々の暮らし、伝統と文化など地域や学校の特色に応じた課題、児童の興味・関心に基づく課題などを踏まえて設定すること。

(5) （中学校の場合）目標を実現するにふさわしい探究課題については、学校の実態に応じて、例えば、国際理解、情報、環境、福祉・健康などの現代的な諸課題に対応する横断的・総合的な課題、地域や学校の特色に応じた課題、生徒の興味・関心に基づく課題、職業や自己の将来に関する課題などを踏まえて設定すること。

(6) 探究課題の解決を通して育成を目指す具体的な資質・能力については、次の事項に配慮すること。

　ア　知識及び技能については、他教科等及び総合的な学習の時間で習得する知識及び技能が相互に関連付けられ、社会の中で生きて働くものとして形成されるようにすること。

　イ　思考力、判断力、表現力等については、課題の設定、情報の収集、整理・分析、まとめ・表現などの探究的な学習の過程において発揮され、未知の状況において活用できるものとして身に付けられるようにすること。

　ウ　学びに向かう力、人間性等については、自分自身に関すること及び他者や社会との関わりに関することの両方の視点を踏まえること。

(7) 目標を実現するにふさわしい探究課題及び探究課題の解決を通して育成を目指す具体的な資質・能力については、教科等を越えた全ての学習の基盤となる資質・能力が育まれ、活用されるものとなるよう配慮すること。

＜総合的な探究の時間＞（高等学校）

3　各学校において定める目標及び内容の取扱い

　各学校において定める目標及び内容の設定に当たっては、次の事項に配慮するものとする。

(1) 各学校において定める目標については、各学校における教育目標を踏まえ、総合的な学習の時間を通して育成を目指す資質・能力を示すこと。

(2) 各学校において定める目標及び内容については、他教科等の目標及び内容との違いに留意しつつ、他教科等で育成を目指す資質・能力との関連を重視すること。

(3) 各学校において定める目標及び内容については、地域や社会との関わりを重視すること。

(4) 各学校において定める内容については、目標を実現するにふさわしい探究課題、探究課題の解決を通して育成を目指す具体的な資質・能力を示すこと。

(5) 目標を実現するにふさわしい探究課題については、地域や学校の実態、生徒の特性等に応じて、例えば、国際理解、情報、環境、福祉・健康などの現代的な諸課題に対応する横断的・総合的な課題、地域や学校の特色に応じた課題、生徒の興味・関心に基づく課題、職業や自己の進路に関する課題などを踏まえて設定すること。

(6) 探究課題の解決を通して育成を目指す具体的な資質・能力については、次の事項に配慮すること。

　ア　知識及び技能については、他教科等及び総合的な探究の時間で習得する知識及び技能が相互に関連付けられ、社会の中で生きて働くものとして形成されるようにすること。

　イ　思考力、判断力、表現力等については、課題の設定、情報の収集、整理・分析、まとめ・表現などの探究の過程において発揮され、未知の状況において活用できるものとして身に付けられるようにすること。

ウ　学びに向かう力、人間性等については、自分自身に関すること及び他者や社会との関わりに関することの両方の視点を踏まえること。
（７）　目標を実現するにふさわしい探究課題及び探究課題の解決を通して育成を目指す具体的な資質・能力については、教科・科目等を越えた全ての学習の基盤となる資質・能力が育まれ、活用されるものとなるよう配慮すること。

　2017（平成29）・2018（平成30）年の学習指導要領では、総合的な学習の時間および総合的な探究の時間の実施にあたって、その内容および取り扱いついて、以上のような事柄を考慮に入れながら展開していくことを求めているのである。

　本章では、2017（平成29）・2018（平成30）年に改訂された学習指導要領における総合的な学習の時間および総合的な探究の時間の「目標と内容」について検証を加えた。総合的な学習の時間および総合的な探究の時間では、各学校で適切な目標を設定し、他の教科等と深く関連させながら、なおかつ児童生徒の問題意識や学校段階の連続性に配慮することによって、横断的・総合的な学習が探究的に実現されなければならないのである。学校や教員に向けられる社会的な要求が多様化・複雑化する今日であるが、児童生徒の「生きる力」を育成するために、関係諸機関との連携・協力のもと、より一層探究的な学習活動の充実が図られることを期待したい。

**引用・参考文献**
文部科学省『小学校学習指導要領（平成29年告示）解説　総則編』東洋館出版社、2018（平成30）年

第2部　総合的な学習の時間

文部科学省『小学校学習指導要領（平成29年告示）解説　総合的な学習の時間編』
　東洋館出版社、2018（平成30）年
文部科学省『中学校学習指導要領（平成29年告示）解説　総則編』東山書房、2018（平成30）年
文部科学省『中学校学習指導要領（平成29年告示）解説　総合的な学習の時間編』
　東山書房、2018（平成30）年

文部科学省ホームページ
　「学習指導要領・生きる力」
　http://www.mext.go.jp/a_menu/shotou/new-cs/1383986.htm
　　・新学習指導要領本文・解説・資料等
　　・学習指導要領のポイント等
　　・学習指導要領等

国立教育政策研究所ホームページ「学習指導要領データベース」
　https://www.nier.go.jp/guideline/

# 第3章　総合的な学習の時間の計画と指導

## 第1節　指導計画

　指導計画には、全体計画と年間指導計画、単元指導計画、学習指導案がある。いうまでもなくそれぞれ関連を持って計画されねばならない。
　また、それぞれの学習が目的を持ち児童生徒の活動が効率的に行えるよう計画を立てなければならない。
　総合的な学習の時間の指導計画には、全体計画と年間指導計画の二つがあり相互に関連を持って作成される。そして単元指導計画及び指導案によって学習指導の具体的な方法を計画していくことになる。
　総合的な学習の時間の指導計画の特徴はカリキュラムマネジメントとの関連を持つことである。各学校で定める総合的な学習の時間の目標は、学校教育目標を踏まえつつ、各学校が育てたい児童生徒の姿、育成したい資質や能力などを自由に設定し、学校教育目標と直接つなげることができる特質を持つ。これはカリキュラムマネジメントの要の役割を果たすものである。
　また、学習指導要領では、総合的な学習の時間は探究的な見方・考え方を行うとされている。それを達成するためには「各教科等における見方・考え方を総合的に活用して、広範囲の事象を多様な角度から俯瞰して指導計画を立てる」ことが必要となる。
　具体的に計画を立てる際に、次の6つのポイントを考える必要がある。
　①　この時間を行うことによって目指すもの、「目標」
　②　「目標を実現するにふさわしい探究課題」及び「探究課題の解決を通して育成を目指す具体的な資質・能力」からなる「内容」

③ 「内容」との関わりにおいて実際に児童生徒が行う「学習活動」
　これは、実際の指導計画においては、児童生徒にとって意味のある課題の解決や探究的な学習活動のまとまりとしての「単元」、さらにそれらを配列し、組織した「年間指導計画」として示される。
④ 「学習活動」を適切に実施する際必要とされる「指導方法」
⑤ 児童生徒の学習状況の評価、教師の学習の評価、目標や内容
⑥ 学習活動などの指導計画の適切さを含む「学習評価」
⑦ 計画の実施を推進するための「指導体制」
　以上のポイントを押さえ指導計画を立案していく。

## 第2節　全体計画の作成

　全体計画は、指導計画のうち学校としての教育活動の在り方の全体像を構造化して示すものである。年間指導計画は全体計画を踏まえ、年間に行う単元の位置付けを行う。位置付けを行う際は児童生徒に育もうとする資質・能力と学習活動とを関連させ構成し配列していく。学習活動の中で、児童生徒がどのような探究的な見方や考え方を働かせ、どのような資質・能力を活用し発揮するかを想定し、その学校の児童生徒の資質・能力を育成していく過程を描きだしていくことである。

### (1) 全体計画の立案の手順

　右図は、ここで扱う「目標」、「内容」、「学習活動」の相互関係を表したものである。
　計画する際は、最初に総合的な学習の時間の第1の目標と各学校の教育目標を踏まえて、その学校の総合的な学習の時間の目標を設定する。次に、設定したその学校の総合的な学習の時間の目標を踏まえて、「内容」として探究課題とその解決を目指す具体的な資質・能力を設定する。ど

のような学習活動が目標達成にふさわしいか、また具体化できるかを吟味して計画する。

## 【目標と内容と学習活動の関係（全体計画）】

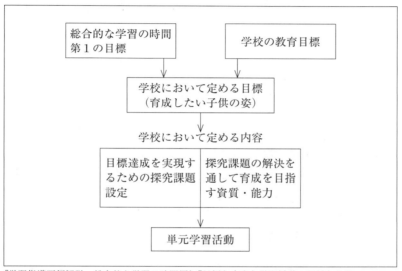

『学習指導要領解説　総合的な学習の時間編』「目標と内容と学習活動の関係」より

＊第1の目標とは

> 　探究的な見方・考え方を働かせ、横断的・総合的な学習を行うことを通して、よりよく課題を解決し、自己の生き方を考えていくための資質・能力を次のとおり育成することを目指す。
> （1）　探究的な学習の過程において、課題の解決に必要な知識及び技能を身に付け、課題に関わる概念を形成し、探究的な学習のよさを理解するようにする。
> （2）　実社会や実生活の中から問いを見出し、自分で課題を立て、

> 　　　　情報を集め、整理・分析して、まとめ・表現することができ
> 　　　るようにする。
> （3）　探究的な学習に主体的・協働的に取り組むと共に、互いの
> 　　　よさを生かしながら、積極的に社会に参画しようとする態度
> 　　　を養う。
>
> 　　　　　　　　　　　　　　　　　　　　　（学習指導要領より）

　図中の「目標」、「内容」、「学習活動」については、まず「第1の目標」と各学校の教育目標を踏まえ、学校の総合的な学習の時間教育の目標を設定する。次に、「内容」を設定する。内容は「各学校において定める総合的な学習の時間の教育の目標」を達成するにふさわしい探究課題とその課題の解決を通して、育成を目指す具体的な資質・能力を設定する。これまでの経験や学習なども考慮に入れ計画する。

## 第3節　年間計画と単元計画

　総合的な学習の時間が実効性のあるものとして実施されるためには、地域や学校、子供の実態・特性を踏まえ、他の教科領域の特性や関連を視野に入れ全体計画及び年間指導計画を作成しなければならない。

　複数のテーマを設定し、単元を組み合わせ年間の活動を行う場合と一つのテーマで単元を構成する場合がある。どちらにしても児童生徒の探究活動が行われ資質・能力が高まる姿を描き、その目標が達成できるように他教科や既習事項との関連を踏まえて年間を通した計画を立てることが大切である。

　配慮事項として、学習指導要領に留意すべき点が4点あげられている。
　・児童生徒のそれまでの学習経験に配慮すること
　・季節や行事など適切な活動時期を生かすこと

- 各教科等との関連を明らかにすること
- 外部の教育資源の活用及び異校種との連携や交流を意識すること

以上のことを配慮し、以下に年間計画例を示す。

## 【年間計画例】

| 月 | 時間 | 学習課題 | 関連 |
|---|---|---|---|
| 4 | 1 | 総合的な学習の時間オリエンテーション | （教科単元まで入れるとよい） |
| | 2 | 既習学年振り返り | |
| | 3 | 職業探究学習「働くって何」提示説明 | |
| | 4 | 自分のあこがれる職業やなりたい職業について調べる | 社会（我が国の産業と生活） |
| 5 | 5 | 働くことの意義について意見交換をする 働くことはどのような意味を持つのか | 国語（話や文章に含まれる情報の扱い方） |
| | 6 | 働く人にインタビューをする方法を考える。実際に働く人に考えや意見を聞く | |
| | 7 | インタビュー | |

中略

| 月 | 時間 | 学習課題 | 関連 |
|---|---|---|---|
| 10 | 18 | 地域探究学習「学校と地域の環境」提示説明 | |
| | 19 | 学校と地域の情報収集 | |
| | 20 | 既習事項を振り返り、環境について話し合う | 理科（生物と環境） |
| | 21 | それぞれ追究課題設定（学習計画作成） | |

以下続く

　上記は2つの単元からなっている例である。1つのテーマ（1単元）で年間を通すこともあり、いくつかのテーマで年間計画を立てることもある。いずれも年間に行うことの計画を時系列に並べていく。

　次に単元計画の立案をするにあたり次のことを考えたい。

　① 探究のまとまりとして考える

② 児童生徒の興味・関心を喚起し生かす
③ 児童生徒の思いを捉えた教師の指導
④ 内容を吟味し、深い学びにつなげる
⑤ 単元ごとのまとまりで計画を立てていく。

例えば、「働くことの意味や働く人の思いや願い」をテーマに活動を行う場合の単元計画を以下に示す。

内容
第1学年　探究課題　「働くことの意味や働く人の思いや願い」
単元計画（5月～9月）17時間
○オリエンテーション（今後の総合的な学習の時間の進め方、職業について既習事項の確認）
①自分がなりたい職業や興味のある職業について話し合う。興味・関心を持つ。（興味・関心を持ち主体的な学びへ）
②既習事項で社会には多種多様な職業があり、いろいろな技能や資格、報酬があること調査し、働くことの意味の多様性に気づく。（知識の活用）
③様々な職業で働く人の思いや願い、工夫や努力、人は何のために働いているかといったことに課題意識を持たせる。（課題意識）
④「働くって何だろう」（自分はどのような仕事をしたいのか）と学習課題を解決するための方法や手段を計画する（主体的な学び）
　インタビューを通して、働く人の思いや願いを聞き、工夫や努力を知り「働くこと」の意味を理解する。このとき問題解決に必要なインタビューの仕方や調査方法の技能を身に付ける。（対話的な学び、新たな課題の気づき）
⑤聞き取り調査でわかった、働く人の思いや願い、工夫や努力について、まとめ整理する。（主体的な学び、深い学び）
⑦調査結果から新たな課題が生まれる。働く人の「生きがい」や「やりがい」を捉えるようにする。（新たな課題）
⑧生きがいややりがいについて話し合いを行い、それぞれの考えを確認する。（深い学び）
⑨「働くこと」の意味を自分なりに捉え、将来の自分の姿を想像する。（深い学び、生活や社会につなげて考える）
⑩これまでの学習をまとめ、将来の自分の姿をまとめ、これからの自分の生き方やあり方を考える。（深い学び、生き方）

以上のような活動を行って、自分のテーマに迫っていくように計画し指導を行う。最終的にこの場合であれば、深い学びを通して生活と社会をつなげて考え、自分が興味を持った職業に就いたことを想定し、深く働くことの意味について考えをまとめる。そして、自分は将来どのような働き方をしたいかや職業に就きたいか、どのような生き方をしたいかについて考えを深め、それらの考え方を自分の将来に生かしていこうとする意識を高める。

　このように児童生徒が既習事項を生かし探究的な態度を持って課題解決を行って、目標とする資質・能力を育成するように計画する。また既習事項との関連についても明らかにし記述する。

## 第4節　学習指導計画

　単元学習指導計画は、単元計画をより具体化して指導方法や児童生徒の活動とそこで育てたい資質・能力を示したものである。また、学習指導案は、単元学習指導計画を時間単位での指導計画としてあらわしたものである。しかし、総合的な学習の時間の性質上単元でのまとまりが重要であるため単元指導計画で表し、指導の全貌を明確に捉え、そのうえで学習指導案で単位時間など最小限の指導計画を立てていかなければならない。

　学習指導計画を作成するにあたっては、児童生徒が興味・関心を持って主体的に学ぶ課題を設定させること、探究的な学習題材を扱うために、学習過程を探究的にすること（課題設定、情報収集、整理・分析、まとめ・表現の流れ）、他の者と協力し主体的に取り組む学習活動にする（多岐にわたる情報を活用して協力して学ぶ、いろいろな視点から考え協力的に学ぶ、力を合わせたり交流したりして協力的に学ぶ）ことが望まれる。

第2部　総合的な学習の時間

　次に、具体的な指導計画を作成するにあたって必要なことは以下のとおりである。

1　単 元 名：学習活動及び学習の目的を反映させ、全貌が見えるような単元名とする。
2　単元目標：単元を通して子供たちに育みたい資質・能力を明確にする。基本は資質・能力の三つの柱を基に考える。
3　児童生徒の実態：児童生徒の学習課題に対する経験知や課題等を記述する。
4　使用教材：使用教材名。その教材が児童生徒の学習活動において果たす役割を具体的に記述する。
5　単元展開：探究的な学習になるように計画する。関連する教科の項目、学習環境、学習時の人材、時間数を明確にする。資質・能力の三要素に基づき、児童生徒に身に付けさせたい資質・能力を意識する。
6　評価基準：内容を意識し、その時間のまとまりで、評価場面や評価方法を工夫し計画する。児童生徒の姿を想像し、育てたい資質・能力と比較して評価する。
7　評　　価：評価基準に照らして、単元（本時）の評価をする。

（単元指導計画は以上。以下は指導案作成時に更に必要な事項）

8　本時の目標：本時の活動の見通しを持ち、この時間に何を育みたいか、資質・能力を育成するための時間なのかで決定する。
9　本時の展開：この単元中の探究活動のどの段階かを明確にする。思考や議論が深まる学習形態を工夫する。固定時間にこだわらず児童生徒の主体的な活動を優先し時間配分を考慮する。

以下に単元学習指導計画例を示す。

## 学習指導計画例（最低限必要な要素を入れたもの）

単元指導計画
1　日時　　　2018年4月〜9月
2　学年・組　6年（　組）
3　単元名　「働くことの意味　―働く人の思いや願い―」
　　　　　　総時数17時間
4　単元目標　働く人の思いや願いに興味・関心を持ち「働くこと」の意味を追究し、自分たちの考え探究した「働くこと」の意味をまとめ表現する。また自分たちが捉えた「働くこと」の意味を根拠にして、将来に向けて自分の職業観や勤労観に生かしていこうとする意識を持たせる。
5　児童の実態　（その学校の児童の実態）
6　単元評価基準
　○知識及び技能
　　　地域及び家族の多様な職業の人に、働くことについての考えを伝えたり聞いたりし、自分なりに解釈する。問題解決に必要な聞く技能を身に付ける。
　○思考力・判断力・表現力等
　　　働くことがどういうことか、そして自分はどうやって向き合っていくかという考えを基に、課題を立て、情報収集、整理、分析し、まとめ・表現することができる。
　○学びに向かう力・人間性等
　　　働くことの意味、働く人の思いや願いについて理解し、仲間や地域の人々と同じ課題について話し合い、学びを深め、自分が捉えた「働くこと」の意味を根拠にして、将来に向けての自分の職業観や勤労観に生かしていこうとする意識を高める。
7　単元について
　　　探究的な学習になるように計画する。関連する教科の項目、学習環境、学習時の人材、時間数を明確にする。資質・能力の三要素に基づき、児童に身に付けさせたい資質・能力を意識する。

## 8　単元指導計画と評価

| 時数 | 児童の活動 | 教師の手立て（指導）　＊評価 |
|---|---|---|
| 1 | ・オリエンテーション<br>・自分や友達がなりたい職業やあこがれている職業について出し合い、職業について知っていることを話し合う。（主体的な学び）<br>・自分が知っている職業や就いてみたい職業は、具体的にどのような仕事内容でお給料はいくら貰えるのか。（自己の課題を持つ）<br>・働くことの意味を今回の学習で考えていきたい。（自己の課題）<br>・働く人は、何のために働き、どんな思いや願いを持っているのか。 | ・この単元について説明<br>・身の回りの職業について興味・関心を持つ。<br>＊意見交換での興味・関心<br>・将来自分の働いている姿をイメージし、友達と話し合う。職業を身近なものとして捉え、興味・関心を持てるようにする。<br>・イメージを具体的に表しそれをもとに自分の働くことのイメージを思い描くことができるようにする。<br>・社会に様々な職業があることに気付き、働く人の願いや思いについて追究して学習課題を設定する。<br>＊自己の課題を明確にできたか |
| 5 | 学習課題：「働くことの意味―働く人の思いや願い―」の設定<br>・今回の学習の計画を立てる。<br>・実際にインタビューやアンケートを取りに働く人のところへ行き、実際にその仕事の話や体験をしてみるとその人たちの考えや思いが分かるのではないだろうか。<br>（主体的な学びの視点）<br>・仕事の内容、思いや願い、どのように工夫して働いているかを調べてみたい。（主体的な課題追究）<br>・働く人たちは自分持っている知識や技能をもとに、相手を意識し思いやりを持って仕事をしているのではないか。（新たな課題） | ・ここで働く人の実際の映像や資料を提示し視聴させることで、実際にどのように学習課題を追究するかという見通しを持たせる。<br>＊資料を整理し学習課題を見つけられたか<br>・身近な働く人達から聞き取り調査をする。視点を明確にすることで自分の追究するめあてを明確にする。<br>・インタビューやアンケートの思いや願いから、働く人の「生きがいや」「やりがい」を捉えることができるようにする。 |
| 13 | 「課題の探究」<br>・インタビューやアンケートからどの職業の人も「働くこと」の意味は「生 | ・インタビューやアンケートから働く人々の共通点を分類し、その共通点 |

第2部　総合的な学習の時間

| | | |
|---|---|---|
| | 活するお金のため」「人の役に立つため」「自分の願いや思いを実現するため」であるが、これらに共通する何かがあるのではないだろうか。（探究）<br>・自分が調べたこと、考えたこと、思いついたことをまとめ、「働くこと」についてまとめる。<br>・まとめたことをインタビューやアンケートに協力してくれた方々に伝える。 | の意味を考えさせる。また、自分に対して将来何のために働いているのかを考えさせ、答えさせることで「働く意味」を深くとらえることができる。<br>・今までの調査や今まで学んだこと、感じたこと、思ったことをあわせて自分の考えをまとめさせる。<br>＊課題を探究し自分の考えや意見が持てたか。 |
| 17 | 「課題からの深い学び」<br>・今まで取り組んできた「働くこと」をもとに、自分が将来何のために働きどのような生きがいを持つことができるかを考えてみたい。（深い学び）<br>・「自分たちの将来」というテーマで話し合い、今まで調べたことをもう一度確認しながら、生活や社会につなげて考え議論していく。（追究）<br>・自分の将来を作文にして、発表する。（表現）<br>・それぞれこの時間（単元）の感想を述べる。 | ・「働くこと」のまとめを聞き、それぞれが思うこと感じることを聞き、自分との違いや共感できるものを見つけ、自分たちは将来どのように働いていくのだろうという疑問を持たせる。<br>・生活や社会につなげ、広い視野で自分の将来像を描かせる。<br>＊今までの学習を深い学びにつなげることができたか。<br>・話し合いで自分の考えをまとめさせ、作文に表す。<br>＊この単元の指導の目標が達成されたかを評価をする。 |

**参考文献**
・文部科学省『小学校学習指導要領』および『学習指導要領解説』
・田村学『新学習指導要領の展開　総合的な学習の時間編』明治図書　2017年
・黒上晴夫『小学校新学習指導要領　ポイント総整理　総合的な学習の時間』東洋館出版　2017年
・『平成30年　多摩教育事務所多摩地区推進員会報告書』多摩教育事務所　2017年

# 第4章　総合的な学習の時間における教師の役割

## 第1節　目標と内容の決定

### 1　児童生徒の実態、学校と地域の実態を把握する

　総合的な学習の時間の目標及び内容については学習指導要領の第2「各学校において定める目標及び内容」で次のように示している。

> 第2　各学校において定める目標及び内容
> 1　目標
> 　　各学校においては、第1の目標を踏まえ、各学校の総合的な学習の時間の目標を定める。
> 2　内容
> 　　各学校においては、第1の目標を踏まえ、各学校の総合的な学習の時間の内容を定める。

　総合的な学習の時間は、他教科と異なり、各学校が独自に目標と内容を定めるのである。教員は勤務校の児童生徒の実態、学校と地域の実態を把握して、目標を主体的に定め、内容を工夫する。その際、どのような資質・能力を育てようとするのかを明らかにしなければならない。第3章で説明した計画の立案作業の重要性がここにある。また、学校が地域の中で果たしてきた機能や、地域に受け入れられている学校行事などは、伝統を守るという理由よりも、児童生徒に身につけさせたい資質・能力との関連で有意義と認められるならば、積極的に総合的な学習に取り込むように計画したい。

### 2　内容を検討する

　総合的な学習の時間の内容を設定するには、上述したように、まずど

のような資質・能力を育てようとするのかを明らかにする。そして、目標を実現するのにふさわしい探究課題を設定する。『中学校学習指導要領解説』第5章 第3節は探究課題の例として（あくまでも例示として）次の4つを挙げている。
　①現代的な諸課題に対応する横断的・総合的な課題
　　　　国際理解、情報、環境、福祉・健康など
　②地域や学校の特色に応じた課題
　　　　町づくり、伝統文化、地域経済、防災など
　③生徒の興味・関心に基づく課題
　　　　ものづくり、生命など
　④職業や自己の将来に関する課題
　　　　職業、勤労など


## 3　目標と内容の実践例

　3年間を見通した学習計画の例を挙げる。

---

地域や学校の特色に応じた課題を探究した実践例
　　　新潟県長岡市立南中学校
目指す生徒像「郷土を愛し、志をもって生きる生徒」
「人、もの、こと」に関する地域素材を生かした地域単元学習
　1年生　幕末長岡の偉人（河井継之助、小林虎三郎、三島億二郎）
　　　　　の生き方について学ぶ
　2年生　空襲を受けた戦災都市である郷土長岡の状況と平和に対す
　　　　　る人々の想いを学ぶ
　3年生　職業人からの講話や職場体験学習を通して生き方を学ぶ

---

※**参考文献**　全国連合退職校長会『心を育む学校の力』東洋館出版社　2018年 78頁

## 第2節　学習指導の工夫

### 1　主体的な学びにする

　主体的な学びを実現するためには、児童生徒に自由勝手に学習させるという方法論は不適格である。児童生徒が、探究したいと望む課題を見つけ、そして、課題解決に向かう意欲をもち続けるためには、実は、教員の深い教材研究と適切な指導が必要である。当然、学年教員や学校全体で教材研究を進めることが求められる。

　体験活動を実施すれば、児童生徒は主体的になるだろうという発想も安易である。何のために体験するのかが明確に意識されていなければ、児童生徒の意欲は維持されない。では、体験活動の前に、児童生徒本人に目標を立てさせればいいかというと、教師の指導によっては、それでも不十分になる恐れがある。つまり、児童生徒の立てた目標が、教員のねらう「その活動を通じて育成したい資質・能力」に結びついていなければ、児童生徒は勝手なねらいと評価で活動を終えることになり、ただ単に体験をしたという結果になってしまうからである。

　具体的に考えてみよう。中学生の職場体験学習で、ある生徒の立てた目標が、「仕事をがんばる」であった。しかし、この学校は職場体験学習の位置付けを次のように設定していた。すなわち、職場体験学習は「自己理解力」「人間関係形成力」などの資質・能力を育成するための場であり、体験を通じて自分を振り返り、自分の課題を解決するための方策を考える、と設定していた。この場合、生徒の立てた目標は単元の目標からずれている。生徒の体験は自分勝手な体験になってしまうのである。

　教師の適切な事前指導が必要だということが分かる。

## 2　対話的な学びにする

異なる多様な他者と力を合わせて解決に向かう学習の場面をつくることは深い学びにつながる。『中学校学習指導要領解説』は対話的な学びの価値を次の3点だと説明している。

①他者への説明による情報としての知識や技能の構造化
②他者からの多様な情報収集
③他者とともに新たな知を創造する場の構築と課題解決に向けた行動化への期待

## 3　深い学びにする

探究的な学習で深い学びを実現するために重要なのは次の4点であると『中学校学習指導要領解説』は述べている。

【①課題の設定】　体験活動などを通して、課題を設定し課題意識をもつ
【②情報の収集】　必要な情報を取り出したり収集したりする
【③整理・分析】　収集した情報を、整理したり分析したりして思考する
【④まとめ・表現】　気付きや発見、自分の考えなどをまとめ、判断し、表現する

## 4　体験活動の危機管理を忘れない

児童生徒のグループでの行動が含まれる体験活動では、教員が事前に活動場所の確認をする必要がある。実施前に、保護者や地域に活動の趣旨を説明して理解を求めておくことも危機管理の上で効果的である。

**参考文献**
田村学編著『中学校新学習指導要領の展開』明治図書 2017年 76-79頁
『中学校学習指導要領解説 総合的な学習の時間編』東山書房 2017年 107-109頁

## 第3節　チーム学校

### 1　外部と連携する

　総合的な学習の時間では、地域の素材や地域の学習環境を積極的に活用することが期待されている。『中学校学習指導要領解説』は、外部人材の例として以下の内容を挙げている。

> ・保護者や地域の人々
> ・専門家をはじめとした外部の人々
> ・地域学校協働活動推進委員等のコーディネーター
> ・社会教育施設や社会教育関係団体等の関係者
> ・社会教育主事をはじめとした教育委員会、首長部局等の行政関係者
> ・企業や特定非営利活動法人等の関係者
> ・異校種、幼稚園等の関係者　など

### 2　外部との連絡・調整は丁寧に行う

　総合的な学習の時間でこれまでに失敗した例を挙げる。これらはすべて原因が教員にある。事例から教員の役割を読み取ってほしい。学習の目的、効果、手段などを担当者全員で確認しなければならない。

（1）　地域の施設を児童生徒が訪問してインタビューをする計画だったが、事前連絡なしに訪問したら、児童生徒が施設職員に叱られた。

（2）　外部人材に特別講師で講話を依頼したが、教員の思惑とは異なる話をされて、学習の目的が達成できなかった。

（3）　何度も講師を務めた外部人材だったので、講師に任せて進めてもらったら、時間を超過して話し、次の授業に食い込んでしまった。

（4）　職場体験に生徒を送り出したが、受け入れ先の職場が生徒を大事に扱うあまり、生徒はお客様気分の体験しかせずに戻ってきた。

### 3　連携のための体制をつくる

外部との連携を推進するために、学内での体制を同時に整えることが必要である。体制づくりに当たっては、次の点に留意したい。

（1）　教員の意識を外部に向ける

　　教員は児童生徒を相手に働いているので世間の常識に疎いと言われることがある。電話での話し方、一般企業で働いている人への気遣いなど、礼儀の基本からあえて復習確認しておきたい。

（2）　日常的に外部と関わる

　　学校を積極的に開き、保護者をはじめ外部の人材を呼び込む。地域の活動には教員が積極的に参加する。関係を普段から強くしておくことが地域の教育力を引き出すことにつながる。

（3）　校内に外部連携担当組織を設置する

　　地域人材と教員をつなぐ組織を設置する。教員ではなく、地域人材が連携のコーディネートをする地域学校協働本部を設置している学校もある。教員だけの組織では副校長がコーディネート役をしていることが多い。外部人材を含めた組織を設置することが望まれる。

（4）　教育資源のリストを作成する

　　総合的な学習の時間に協力可能な人材や施設のリストを作成して学校の財産として、校内で共有する。上記の地域学校協働本部を設置した場合は、コーディネーターがリストの整理や更新、さらには連絡まで担って外部との連携を安定して推進できるようにしている例がある。

**参考文献**
加藤崇英編『「チーム学校」まるわかりガイドブック』教育開発研究所　2016年 89頁
『中学校学習指導要領解説 総合的な学習の時間編』東山書房　2017年 140頁

## 第4節　学習状況の評価と学習指導・指導計画の評価

### 1　信頼される評価を目指す

　学習状況の評価は、教師にとっては、児童生徒にどのような資質や能力が身に付いたかを明らかにし、児童生徒の学習活動を改善するためにどのような指導・支援が必要かを考える材料となる。児童生徒にとっては、自分の学習状況を把握し、自己を見つめ直すきっかけになり、その後の学習や発達を促す働きをする。

　信頼される評価にするための条件として、文部科学省は次の5点を示している。

> ①評価規準を共に作成するなど、教師間で評価規準についての共通理解がある。
> ②学習活動と評価規準に整合性があり、その評価方法も適切である。
> ③評価の回数が観点毎に一定程度確保され、偏りがない。
> ④評価規準や評価方法などについての見直しが行われている。
> ⑤生徒の多様な姿を幅広く評価している。

　さらに、評価資料としては、次のようなものが考えられるとしている。

> 教師による観察記録、自己評価や相互評価の状況を記した評価カードや学習記録、レポートや論文、ポスターなどの製作物、教師や外部講師のコメント、学習の記録や作品などを計画的に集積したポートフォリオ等

　これらの評価資料を使って、児童生徒に個人として育まれるよい点や進歩の状況などを積極的に評価する。教員は評価規準や評価資料を検討して妥当性を高めるモデレーション等の研修を図っていく。

## 2 評価規準を児童生徒と共有する

　評価規準は単元の学習に先立って、児童生徒と教員が共有することが望ましい。児童生徒に活動の方向性や目標を示すことで、児童生徒は単元の中途で自分の学習活動の進展状況を自己点検することができる。また、単元の終了時には自己評価を正しく行い、自らの成長を実感できるのである。

　これは、ルーブリック評価の発想である。学習活動のどの場面で、何について、誰がどのような方法、観点、規準で評価するのかを明確にしておくことが信頼される評価につながり、児童生徒を成長させるための評価となる。

## 3 学習指導と学習計画を評価して指導・支援の改善を図る

　教員の指導を振り返る手段としては、生徒の自己評価や相互評価を分析する、保護者に児童生徒の成長の様子を聞く、ゲスト・ティーチャーにアンケートや聞き取りをするなどの方法が考えられる。年度当初に立てた計画と実施した学習指導が、児童生徒に身に付けさせたい資質・能力をはぐくんだかを検討し、適切だったかどうかを評価する。

　評価項目には、教職員間の共通理解の状況、学校図書館の活用状況、インターネット利用の成果、調査活動の成果、各教科・科目等との関連等の観点も入れ、多角的に分析したい。

**参考文献**
文部科学省『今、求められる力を高める総合的な学習の時間の展開（高等学校編）』
　　2013年 110-119頁
田村学編著『中学校新学習指導要領の展開』明治図書 2017年 76-79頁

## 第5節　指導計画と学習指導の改善

### 1　PDCAサイクルを実践する

　指導計画や学習指導について評価が行われた後、それが改善に活用されなければ、評価した意味がない。マネジメントサイクル（Plan → Do → Check → Action）に基づいて「指導と評価の一体化」を目指す考え方は総合的な学習の時間でも生きているのである。

　改善の方法として、『今、求められる力を高める総合的な学習の時間の展開（高等学校編）』では、次の手順を例示している。

> ①評価の資料を収集し、検討すること
> ②整理した問題点を検討し、原因と結果を明らかにすること
> ③改善案をつくり、実施すること

　評価の資料とは、たとえば計画段階での配当時間と実施した際に要した時間のずれなどの記録、あるいは教師側の思いやねらいと児童生徒の思いや考えとのずれなどといった、指導に当たった教員の感触や印象なども含まれる。また、問題点が認識されたら、記録を残した上で、その原因について分析しておく必要がある。

　上記のような手順を踏むことで、指導計画に示した、目標、内容、育てようとする資質・能力及び態度、学習活動、指導方法について修正したり、校内の指導体制・学習環境、外部との連携などを見直したりすることができるだろう。改善案をつくり実施するのは、この学年の次の単元に生かすという意味とともに、次年度に下の学年に生かすという意味もある。改善案は学校組織としての成果物となる。したがって、指導計画の評価に当たっては、教師間での情報交換や全校体制での組織的な評価を進めることが肝要である。

## 2　評価結果と改善策を公表する

　第3節で述べたように、総合的な学習の時間は外部と連携する機会が多い。したがって、評価結果は外部の協力者にも公表され、次の学習指導に生かされなければならない。評価の場面において、外部の協力者の意見を聴取しているならば、結果の伝達は当然求められることになる。また、保護者の学校教育への期待と関心に応えるためにも、評価結果を伝えていくことは重要である。しかし、公表すること自体が目的ではなく、改善に資することが目的なので、何をどのように公開するかを整理しなければならない。

　公開の内容として、前掲書では、次の3点を挙げている。

---
①評価結果とその根拠
②今後の取組を進めるために必要な条件
③改善後の児童生徒の姿や活動の様子
---

　学校が行う教育活動は全て評価されて、改善策を併せて公開していく。目指す教育のために必要な条件や、1年後の児童生徒の姿を示すことは、管理職が特に意識して発信すべき内容である。そのことが保護者の理解と協力を引き出すことにつながるのである。

**参考文献**
文部科学省『今、求められる力を高める総合的な学習の時間の展開（高等学校編）』
　　2013年 119-120頁

# 第3部　学校教育と教科外活動

　児童生徒にとって、楽しい学校とはどんな学校であろうか。要素としては、各教科の学習よりも、友達との良好な関係や学校行事などの方が大きいと言われる。教科外活動の充実が、大きなウエイトを占めているはずである。教師の立場としても、児童生徒に楽しく登校してもらい、教科外活動を通しても望ましい資質・能力を高めたいと考えるだろう。

　教育課程の一部である教科外活動も、各教科と同じように教育基本法や学校教育法などに示された教育の目的を踏まえている。知育・徳育・体育にわたる「生きる力」を児童生徒に育むため、「知識・技能」、「思考力・判断力・表現力等」、「学びに向かう力・人間性等」を柱とし、「主体的・対話的で深い学び」を意識している。

　このように各教科と教科外活動は、同じ方向や方法をめざしていると言える。しかし、内容や取り扱い方となると、共通の部分と相違する部分があり、決して同じ考え方では通用しない面がある。もちろん、特別活動と総合的な学習の時間（高等学校では、総合的な探究の時間）の教科外活動同士の関係でも同様である。児童生徒の教育を担う際には、学校における教科外活動の位置付けや、各種の関係性の理解も必要となってくる。

# 第1章　特別活動と総合的な学習の時間との関連

## 第1節　学習指導要領の目標にみる関係

　学校教育の目標は、教育課程に定める各教科や教科外活動の成果が統合されて達成されるはずである。各教科などは、それぞれ目標を持つが、実際には学校教育の目標を達成するために、協力や補充の関係にある。教育をより効果的に展開するには、各種の教育活動との関連を図って計画を作成し、指導することが求められる。知育・徳育・体育の調和の取れた育成を考えた場合、教科外活動としての特別活動と総合的な学習の時間の役割は大きい。教科外での資質・能力の育成は、この両者に多くの部分が負わされている。

### 1　総括的な目標

　教育計画を立案する際、前提となるのが目標である。まずは目標面での関連を検討していく。学習指導要領によると特別活動の総括的な目標は以下の通りである。

> 　集団や社会の形成者としての見方・考え方を働かせ、様々な集団活動に自主的、実践的に取り組み、互いのよさや可能性を発揮しながら集団や自己の生活上の課題を解決することを通して、次のとおり資質・能力を育成することを目指す。

（小学校・中学校・高等学校とも共通）

これに対して総合的な学習の時間の目標は以下の通りである。

> 探究的な見方・考え方を働かせ、横断的・総合的な学習を行うことを通して、よりよく課題を解決し、自己の生き方を考えていくための資質・能力を次のとおり育成することを目指す。

(小学校・中学校のみ共通)

　この２つを比べると、どちらも主体的に物事に取り組む態度の育成が共通点として浮かびあがる。同時に課題解決を試みながら、自身の生き方や個性を発揮させるような方向が読み取れる。実際の活動を大切にしながら、向上心や学ぶ姿勢の育成が意識されている。教科外活動では、両者の相乗的な教育効果が期待されている。

　異なる点としては、特別活動は小・中・高ともに同じ総括目標を示しているのに対し、総合的な学習の時間は、高校のみ若干の相違が認められる。高校の目標には「自己の在り方」や「課題を発見」などの言葉が加味されて、生徒の発達段階や学習の積み重ねが意識されている。(個別目標でも同様。学習指導要領も参照)

　両者の目標で異なる視点は、特別活動が「集団」および「実践」を大切にした課題解決を強調しているのに対し、総合的な学習の時間は「探究」による課題解決に力点を置く部分である。この相違は、両者が持つ固有の原理による。特別活動は、学級や学年での集団活動に学びの基礎があり、そこで成立する。それに対して総合的な学習の時間の学びは、探究やその過程を基礎とする。もちろん状況によっては、集団の中での探究などもあり得るが、基礎となる土台が異なっている。

## ２　個別的な目標

　学習指導要領には、育成を目指す３つの資質・能力(「知識・技能」、「思考力・判断力・表現力等」、「学びに向かう力・人間性等」)に対応す

る形で3つの個別的な目標が示されている。小学校及び中学校の学習指導要領にて、それぞれの目標の関連を整理してみる。

○特別活動の「知識・技能」の目標

> 多様な他者と協働する様々な集団活動の意義や活動をする上で必要となることについて理解し、行動の仕方を身に付けるようにする。

○総合的な学習の時間の「知識・技能」の目標

> 探究的な学習の過程において、課題の解決に必要な知識及び技能を身に付け、課題に関わる概念を形成し、探究的な学習のよさを理解するようにする。

ここでは何を理解しているか、何ができるかに関連する資質・能力が示されている。特別活動では、集団における話し合いの手順や方法の理解、集団の中での自分の行動などが設定されている。一方、総合的な学習の時間では、探究のための知識・技能の習得と探究学習のよさの理解となる。総括的な目標にもあるように、「集団」と「探究」という土台の差が顕著に現れている。しかし、活動をする上で必要なことや、課題に対する資質の育成などでは共通とも受けとめられる。当然、実践においては、集団内での個別の探究的な学習や、探究的な学習を通して協働的な集団活動を展開するような場面も想定される。小学校および中学校の『学習指導要領解説　総合的な学習の時間編』でも、「集団を生かすことで、個の学習と集団の学習が互いに響き合う……総合的な学習の時間は協働的な学習を基盤とする」とも示されている。

○ 特別活動の「思考力・判断力・表現力等」の目標

> 集団や自己の生活、人間関係の課題を見いだし、解決するために話し合い、合意形成を図ったり、意志決定したりすることができるようにする。

○ 総合的な学習の時間の「思考力・判断力・表現力等」の目標

> 実社会や実生活の中から問いを見いだし、自分で課題を立て、情報を集め、整理・分析して、まとめ・表現することができるようにする。

2番目の目標は、理解していること、できることをどう使うかという視点である。両者の目標を比べると、集団を意識しているか、していないかの差はあるが、どちらも目指しているのは、社会の中での課題解決である。

集団や実生活の中には、解決すべき課題が多方面に広がっている。その際、課題を吟味し、解決に向けて情報を収集し、見通しを立て、解決策を検討する。そのような過程で、他者と協力したり、他の見解を尊重したりしながら、自分の考えを表現する機会もある。もちろん多くの場合、課題には複雑な要素が入り組んでおり、解決方法や結論も1つではない。そこでは、また新たな課題に直面するような場面もある。こうした経験の積み重ねにより、問題解決の過程において必要となる資質・能力が育成されるはずである。

○ 特別活動の「学びに向かう力・人間性等」の目標

> 自主的、実践的な集団活動を通して身に付けたことを生かして、

> 集団や社会における生活及び人間関係をよりよく形成するとともに、自己の生き方についての考えを深め、自己実現を図ろうとする態度を養う。

○　総合的な学習の時間の「学びに向かう力・人間性等」の目標

> 探究的な学習に主体的・協働的に取り組むとともに、互いのよさを生かしながら、積極的に社会に参画しようとする態度を養う。

　どのように社会・世界と関わり、よりよい人生を送るかという視点からの目標である。表現の差はあるが、目指している方向は同じである。前に示した2つの目標を受けて、知識を活用した課題解決で得られた資質を、今後の自分や社会での活用に期待を示している。

　ここで特徴的なのは、両者ともに強調している方向の転換であろう。特別活動は集団活動を基礎とするが、ここでは自己の生き方と自己実現が目標に掲げられている。先の目標では、集団を強く意識していたが、ここでは「個人」の資質・能力に力点が移っている。同様に、総合的な学習の時間では、個の探究から、「社会に参画」する態度を強調している。特に特別活動の目標で使われている「自己の生き方」という語は、総合的な学習の時間の総括的な目標でも示されている語でもある。

　両者の目標を分析してみると、課題解決の基礎とする部分が「集団」と「実践」（特別活動）、「探究」（総合的な学習の時間）という違いが確認できる。しかし、主体的に取り組む視点や知識・技能の活用方法などは共通である。どちらも社会に参画する態度と自己の生き方に関わる活動と言える。目標にある育成を目指す資質・能力は、課題の解決に取り組む中で相互に関わり合いながら高められていくと捉える必要がある。

## 第2節　共通する面と相違する面

　1998（平成10）年の学習指導要領に総合的な学習の時間が示されて以降、教育現場では特別活動と総合的な学習の時間が共存している。両者は、扱う具体的内容や実践段階において共通点が非常に多く、連携することにより、より高い教育効果が得られる。現在までに、連携を意識した実践なども積み重ねられ、その中で共通点や相違点が明らかになってきている。

　例えば共通点として、児童生徒の「自主的・主体的活動」、「協働」、「体験活動」というような視点があげられる。

　まず、「自主的・主体的活動」から考えてみる。特別活動と総合的な学習の時間には教科書や定められた教材があるわけではない。学校や地域の実情に応じた内容が選択され、児童生徒を中心として、教育活動が進められる。教師の側に年間計画は存在するが、活動組織や課題解決は児童生徒に任される部分が多い。具体的には、集団では話し合いや協議、個人では探究活動が展開される。教科の学習とは異なり、自主的・主体的な活動が柱となる。学習の過程では、数々の課題の解決や検証などが行われる。課題解決の過程では、次々と新たな課題に出合う場面もある。その課題は、集団や個人ごとに異なるが、実生活や集団に関係するものが中心である。自身や集団内での問題への取り組みは、主体性を養うと同時に個性の育成にも役立つという側面を持つ。

　ここ数年、注目されてきた概念に「協働」がある。これも特別活動と総合的な学習の時間の関連を表す際にも利用される言葉である。教科外活動では、他者と協働して集団や自己の課題を解決する活動や、他者と協働して目標を目指す試みなどが展開される。他者と協働した学びが、人格の形成や社会での生き方に示唆を与えてくれる。この協働の背後に

は、よりよい人間関係を構築しようとする態度の育成もある。同時に、異学年や各種グループで構成される特別活動や学年横断的に取り組む総合的な学習の時間では、コミュニケーション能力の育成も意識される。

「体験活動」の重視も特別活動と総合的な学習の時間の共通の特色である。特別活動においては集団の中での体験を、総合的な学習の時間では探究の中での体験を尊重している。両者とも、体験を通して、または体験の中から学びを深め、自身の生き方を考えさせようとしている点で共通する。このような面を上手に加味すれば、学習指導要領の総則が示すように「総合的な学習時間における学習活動をもって相当する特別活動の学校行事に掲げる各行事の実施に替えること」も可能となる。

次に相違点であるが、まず根本的な部分を把握する必要がある。特別活動では、集団での「実践」に、総合的な学習の時間では、「探究」に本質がある。特別活動は、集団づくりや集団の中での自分の生き方を把握するような点に目標がある。そのため、話し合いや役割分担などの「実践」が伴い、そこでの過程から学びを深める。それに対して、総合的な学習の時間は、自分の「探究」を通して物事の本質を探り、見極めようとしていく。この過程で集団での協働などの実践的な活動が伴うとしても、それらは副次的である。

また、扱う課題にも相違がある。特別活動での課題は、学級や学校生活で直面する題材であり、自主的・実践的に解決でき、生活の向上が見込めるものである。総合的な学習の場合は、目標を実現するのにふさわしい探究課題として、国際理解、情報、環境、福祉・健康などの現代的な諸課題に対応する横断的・総合的な課題、伝統と文化など地域や学校の特色に応じた課題、児童生徒の興味・関心に基づく課題などを踏まえた設定が求められている。

特別活動と総合的な学習の時間は、学校での取り入れ方の歴史的経緯

からも相違が見られる。学校教育の歴史において、特別活動は教科の時間として組織できなかった学級活動や行事などの活動を位置付けるような形態で取り入れられてきた。一方の総合的な学習の時間は、各学校が特色ある教育活動を展開するため、各教科を超えて横断的・総合的な学習を行い、自己の生き方を考える時間として組織された。ゆえに教科の学習と密接に関係する位置にある。

　特別活動と総合的な学習の時間の共通する面と相違する面は、それぞれの本質的な理念から認められる部分と、展開する上で見えてきた部分が有る。これらを意識した上で、教科外活動という特質を生かし、両者の連携による相乗効果を意識する必要がある。

## 第3節　連携を意識する視点

### 1　効果的な連携

　近年では、特別活動と総合的な学習の時間の連携の視点を大切にした実践も多く報告されている。行事や地域活動など特別活動の視点から組み上げた実践や、探究の成果を学級活動や行事に還元している総合的な学習な時間を基礎とした実践など様々である。

　例えば、特別活動として実施される修学旅行や集団宿泊の行事に、探究的な学習を取り入れ、事前調査や事後報告を組み合わせた試みなどがある。学校行事の趣旨と総合的な学習の時間の趣旨を相互に生かし、両者の活動を関連させる実践は、活動の成果を高めると考えられる。

　同様に総合的な学習の時間からのアプローチも可能である。自然体験活動などでは、環境や自然を素材とした課題を設定し、探究的な学習を進めるはずである。このような活動は集団の形態での展開がほとんどである。そこでは、集団の中で他者と関わりながら人間関係を築き、学びを深める。同様に、職場体験やボランティア活動でも社会や集団と関わ

り通して、自己の生き方を考えるはずである。

　特別活動と総合的な学習の時間の連携を意識してみると、両者は相互に補完的な関係にあるとも言える。総合的な学習の時間に行われる探究や問題解決の経験が、特別活動の学習過程で生かされ、他方、特別活動で実践的・体験的に学んだ内容が総合的な学習の時間の探究などでより充実するという関係である。相互に補い、相互に高め合う関係が大切になってくる。このような補完的な関係にあれば、より教育的効果も高まるはずである。

　両者が補完的な関係にある場合、学習指導要領の総則にあるように「総合的な学習の時間における学習活動により、特別活動の学校行事に掲げる各行事の実施と同様の成果が期待でき」、総合的な学習の時間の実施を学校行事の実施に替えることも可能となる。

## 2　特色ある学校づくりの視点

　現在では、これからの未来を生きる子供たちに求められる資質・能力とは何かを社会と共有し、連携する必要があると言われている。そこで重視されているのが、「社会に開かれた教育課程」という考え方である。この考え方の下で、学習指導要領を学びの地図として、社会の実状などを加味した教育課程の計画・実践が大切となる。

　当然、特別活動と総合的な学習の時間も、「社会に開かれた教育課程」を意識した構想を進めねばならない。その際、両者の連携に欠くことができないのが、「地域」の視点である。教科外活動では、常に地域との関わりを重視していた。学校自体が地域に立脚し、社会に必要な力を育成するという意味でも、地域に触れ、地域で学ぶ意味は、いつの時代にも大切と考えられる。

　地域には、多くの課題や教材が存在している。公共機関の仕組みや郷

土学習、伝統的な行事への参加、地域の人々との交流など、教育的効果が期待できる素材や試みの宝庫である。これらは、従来から生活科や社会科で教育課程の中に取り入れられてきたが、総合的な学習の時間では、より積極的に活用することも可能である。同様に特別活動でも、地域社会との結びつきを視野に入れた学校行事などをより多く展開すべきである。

　もちろん、特別活動や総合的な学習の時間の全ての活動が地域と関係するわけではない。学校では、独自の学級活動や行事、個々人の興味や関心に応じる探究活動も展開される。しかし、学校の特性や今後の学校のあり方を考えた場合、全ての教育活動は地域を含む「社会に開かれた教育課程」のスローガンの基にあるという意識を持ち続ける必要がある。

　地域を含む社会を大切にする視点を、特別活動や総合的な学習の時間でも重視する際、留意しなければならない点もある。それは、地域の題材や課題の扱い方である。これらは学習する過程での手段や道具ではあるが、目標ではない。教科外活動の目標は、人間関係形成・社会参画・自己実現や自己の生き方を考える資質・能力の育成にある。地域「を」学ぶのが目的ではなく、地域「で」、もしくは地域「と」や「に」学ぶ意識を忘れてはならない。

　地域を大切にする動きは、戦後のカリキュラム改造運動や地域に根ざす教育を標榜した時期にも展開されている。これらは、どちらも各教科の教育内容に地域を組み込む傾向が強く、教科外活動での連携は強く意識されていない。しかし、現代では「学社連携」や「学社融合」という用語が示すように、学校と地域社会が相互補完や部分的に重なり合う関係を強化しようしている。この関係に密接に関係するのが、特別活動と総合的な学習の時間である。体育祭や文化祭などの学校行事は、地域の行事と組み合わせたり関係付けたりすることも可能である。また、地域

の生涯学習活動や文化的な伝統を、融合させる試みなどもある。これらは、各教科の授業では実現できず、教科外活動ならでは関わり方となる。

　従来から総合的な学習の時間は、「知の総合化」も目指してきた。各教科で学んだ知識を総合的な学習の時間での探究や体験を通して、統合・総合化させようという方向である。この方向に従い、学びの成果を地域社会で活用することは、自己の生き方を考え、自己実現を目指すに他ならない。その過程では、人間関係の形成や社会参画が行われているはずであり、まさに特別活動が目指す方向とも一致する。このように考えていくと、地域の意義が見えてくると同時に、連携や協力による可能性を感じることができると言えるだろう。

# 第2章　教科外活動と他教科および道徳科との関連

## 第1節　教育課程での教科外活動

　学校の教育課程は、各教科・特別の教科道徳（小学校と中学校）・外国語活動（小学校）・総合的な学習の時間（高等学校では、総合的な探究の時間）・特別活動で構成されている。もちろん、それぞれが固有の目標やねらいを有しているが、相互に関連し合いながら、児童生徒の資質・能力を育成に寄与している。

　これからの次代を担う児童生徒には、他者と協働する能力や、社会に参画する意欲や、自己の生き方についての認識などが求められる。そのような資質・能力を育成するためには、学校における各教科や教科外活動が連携をとらなければならない。総合的・横断的な教育課程の視点や指導が必要となってくる。そのためには、学習指導要領にあるように「教育課程に基づき組織的かつ計画的に各学校の教育活動の質の向上を図っていくこと（以下「カリキュラム・マネジメント」という。）」が大切となるのは言うまでもない。

　そのような視点から学校の全体計画や年間行事などを概観すると、児童生徒の資質・能力の育成において、各教科と教科外活動の関係は相互補完的な関係にあると言える。具体的には、各教科での学びを学級経営や学校行事などで活用したり、総合的な学習の時間での探究を各教科の学習に還元したりする試みである。各教科で培われた資質・能力と教科外活動で養われた部分を結合させ、これからの社会を生きるに役立つ能力を理論と実践の両面から育成する方向である。学校での複数の教育活動が連結すれば、単なる相互補完的な関係から、相乗的な効果を生む関

係になる。そのような中で、児童生徒の人間形成を進めていくべきである。

　社会を生きるためには、社会性や人間関係を創る力などだけでなく、道徳性の育成も大切である。道徳の学びは机上のみでは完結しない。実際の社会や集団の中で、自分自身はどのように振る舞い、責務や義務を果たしていくのか、実践での体験や学びが必要となる。特別活動の集団活動や総合的な学習の時間の探究活動において、道徳の意識や学びを活用する場面は、多くあるはずである。教科外活動での体験による学びが児童生徒の道徳性育成に貢献すると思われる。

## 第2節　教科外活動と各教科

### 1　特別活動と各教科

　各教科の学習は、それぞれの教科書にみるように、系統的に配置された教材を、児童生徒に伝授し、知識や技術を習得させることを大切にしている。その過程において、科学的な思考や認識を育成させている。一方で特別活動は、児童生徒の学校生活上の活動や問題解決の実践を通して、人間関係の構築や社会参画の態度を養うという方向を目指している。もちろん、学校教育の目的は、これからの社会で活躍できる人材としての資質・能力の育成にある。そのため、各教科も特別活動もこの方向を意識しなくてはならない。

　学習指導要領でも、学校教育の基本的な役割として、「豊かな創造性を備え、持続可能な社会の創り手となることが期待される児童（生徒）に、生きる力を育むことを目指す」とされている。ここで目指されている力は、各教科と教科外活動などが連携の関係になければ、効果的に育成できない。各教科や教科外活動で、児童生徒に育てたい資質・能力を明確にした上で、関連付けた指導を意識した全体計画と教育実践を試み

る必要がある。ここにもカリキュラム・マネジメントの考え方が組み込まれている。

　教科外活動と各教科の関係を考えた場合、教科外活動で育まれた資質・能力を各教科で活用する面と、その逆の面が考えられる。

　教科外活動では、自主的・実践的な態度の育成や、集団や社会の中での体験活動が重視される。特別活動の学級活動やクラブ活動などでは、自分の興味や関心のある役割を選び、集団での役割分担などを進める。その際には、学級や学年を超えた集団の中で話し合いや協働の作業が伴う。体験や実践を通して問題解決学習的な「主体的・対話的で深い学び」が展開されている。その学びを進める際には、コミュニケーション能力の育成や学習の過程自体の習得もなされている。これらの資質・能力は各教科で、議論を展開する場面や、課題解決を求められる場面などで活用できる。同様に、自然体験活動やボランティア活動などの体験的な実践から、問題意識が深まり、教科の学習を深めることも考えられる。

　各教科の学習が基盤となり、特別活動をより充実される関係も意識しておきたい。話し合い活動や問題解決には、一定の基礎的知識や能力が備わってなければ、効果が期待できない。国語科で育まれた話すこと・聞くことの能力は、学級活動や児童会（生徒会）活動に有益となる。同様に、物事の調査や統計を効果的にまとめ、個人や集団に説明するような活動では、算数・理科・社会などの基礎的な知識と能力が問われる。もちろん、文化祭・体育祭・各種発表会などの学校行事では、各教科の学習が基盤となっているはずである。教科の学習の充実が特別活動の充実に結びつくと言える。

　両者の関係を考えてみると、小学校の外国語活動がきわめて特徴的である。外国語活動の目標では、「体験的に理解」、「コミュニケーション」を重視している。まさに、教科外活動のうち特に特別活動が目指してい

る方向と同一である。集団の中で「なすことによって学ぶ」姿勢が感じられ、目標と方法においても、深い関係がみられる。

## 2 総合的な学習の時間と各教科

　教科外活動のうち、各教科との関連を強く意識しなければならないのが、総合的な学習の時間であろう。各教科を超えた横断的・総合的な学習を通して、生き方を考えていくための資質・能力の育成という目標からしても当然である。この目標の実現に向け、各学校では創意工夫を生かし、地域性や特殊性などを加味した題材の提供や計画が組まれることになる。各教科の学習とは異なり、学び方や調べ方などの探究に力点を置く総合的な学習の時間では、主体的・協働的な取り組みや社会に参画しようとする態度の育成が目指される。

　また、総合的な学習の時間では、知の総合化を大切にしている。各教科などで習得した知識・能力を相互に関連付けて、探究に活用させる試みである。従来、各教科同士の関連はそれほど意識されておらず、教科という枠の中で縦割り的な内容を提供してきた。そのため、児童生徒は、教科のつながりや教材の関係性などを見抜くことができず、物事に対する関連も位置付けられない場合もあった。この欠点に対して、横断的・総合的な学習において、各教科などの知識・能力を関連付ける知の総合化の導入が、求められたのである。

　もちろん、総合的な学習の時間と各教科の関係も、相互補完的であり、関連付けしだいで相乗的な効果を期待できるはずである。両者の基本的な関係は、各教科で身に付けた資質・能力を十分に活用し、総合的な学習の時間における探究的な学習活動を充実させる面と、逆に各教科の学びをより意欲的に方向付ける面がある。両者を上手に関係付けるには、児童生徒の実態把握や年間計画の立案だけでなく、これまでの学習の履

歴なども意識する必要がある。当該学年までの各教科の学習の状況や生活科などでの体験も視野に入れておきたい。

総合的な学習の時間と各教科は、関連性が深いと言えるが、もちろん大きく相違する部分もある。例えば、学習指導要領での示し方である。各教科では、各学年の目標と内容が明記されているが、総合的な学習の時間では、学習すべき課題の領域を例示しているだけである。これは、総合的な学習の時間が、各学校において創意工夫を生かした学習活動と位置付けられているためである。その課題について、小学校の学習指導要領では次のように示している。

> 目標を実現するにふさわしい探究課題については、学校の実態に応じて、例えば、国際理解、情報、環境、福祉、健康などの現代的な諸課題に対応する横断的・総合的な課題、地域の人々の暮らし、伝統と文化など地域や学校の特色に応じた課題、児童の興味・関心に基づく課題などを踏まえて設定すること。

これらは、各教科での学習を踏まえ、各教科の枠を超えた横断的・総合的な内容である。この内容から具体的に考えられる学習活動は、社会科の資料活用の能力や情報処理の技術、算数のデータ処理、理科で習得した環境の知識、そして国語の読み・書きの能力などがすぐに思いつく。まさに知の総合化を視野に入れた活動と言える。

その課題の設定であるが、地域や児童の実態を踏まえれば、学年ごとの課題配置の序列も、教育現場に任されることになる。このような理由から、各学年の目標や内容が学習指導要領には明記されておらず、総括的な目標として、探究や課題解決、社会に参画する態度や生き方という方向を示しているのである。

目標や内容の扱い方において、総合的な学習の時間と各教科の間には

相違がある。しかし、学習指導の方法の面では、両者ともに「主体的・対話的で深い学び」を指向している。かつての各教科の学習指導は、知識を重視した系統学習を基礎としていたが、現代では社会科や理科にみられるように、問題解決学習の視点を大切にしている。児童生徒自身による学びや、学びの過程を重視しながら、これからの社会に対応できる資質・能力の育成を目指している。この点では、両者の間に大きな隔たりはみられない。

各教科で得られた知識や技術を、総合的な学習の時間で生かし、逆に総合的な学習の時間で関心を持った題材を教科の学習で深める関係を築き、学習に深まりと広がりを持たせたいものである。そのためには、各教科との関連を年間計画の中で配慮しておく必要がある。こうした配慮が、両者の相乗的な効果を生み、児童生徒の資質・能力はより高まると考えられる。

## 第3節　教科外活動と道徳

### 1　特別活動と道徳

小学校及び中学校の学習指導要領によれば、特別活動と道徳教育の関連は次のように説明されている。

> 学校における道徳教育は、特別の教科である道徳（以下「道徳科」という。）を要として学校の教育活動全体を通じて行うものであり、道徳科はもとより、各教科、外国語活動、総合的な学習の時間及び特別活動のそれぞれの特質に応じて、児童（生徒）の発達の段階を考慮して、適切な指導を行うこと。

特別活動においても、特質に応じた道徳的な指導を行う必要が説かれている。道徳教育の目標は、道徳性を養う点にある。道徳性は、人と人、

人と集団の中で養われるはずである。集団での実践を大切にする特別活動は、常に道徳的実践が行われると考えてよい。特別活動で大切にしている「人間関係形成」「社会参画」「自己表現」も、道徳性とは切り離せない。特別活動で行われる集団的な活動や体験的な活動では、集団の一員としての自覚と責任、協力する姿勢、規則を守っていく態度などの育成が目指される。これらは、道徳教育で目指す方向に他ならず、両者はまさに一体となっているとも表現できる。

特別活動の指導場面においても同様であり、集団の中で道徳的価値を見いだすことが可能である。例えば、小学校と中学校の学習指導要領の学級活動の箇所に示される「学級や学校における生活づくりへの参画」を考えてみる。そこでは、学級や学校の生活上の課題を見いだし、解決するために話し合い、合意形成を図り、実践するという流れがある。この活動は自発的・自主的であり、活動の過程を工夫することにより、人間関係の形成や集団に参加する態度などに関わる道徳性を身に付けられる。同時に、社会での協力や義務と責任の果たし方なども学ぶであろう。

児童会（生徒会）活動や小学校のクラブ活動でも同様である。これらでは、異年齢の児童生徒がよりより学校生活を築くために、自治的な活動を通して問題解決し、学校やクラブづくりに参画する態度などに関わる道徳性を養う。異年齢ということもあり、同年齢の学級活動とは異なる要素も組み込まれ、個性の伸長や役割分担への配慮なども加味される。また成果の発表などでは、地域社会の活動への参加なども視野に入れることになり、必然的に社会参画として、集団や社会との関わりに関する道徳性も意識される。

学校行事においては、自然の中での集団宿泊活動や、職場体験活動やボランティア活動などで他者と触れあう活動で道徳性の育成が期待できる。自然や崇高なものとの関わりや、社会や集団との関わりの体験を通

して、よりよい人間関係の形成、協力、公徳心、社会奉仕の精神を育てることも可能となる。

　特別活動と道徳の関係を考えた場合、小学校と中学校では、特別の教科道徳（道徳科）との結びつきも視野に入れなければならない。もちろん他の教科と同様、両者は補完的であり、相乗的な効果を期待できる関係である。特別活動は、道徳科の授業で学んだ道徳的な価値の理解や生き方についての考えを、集団の中で実践する機会となる。また道徳科では、特別活動で経験した行為や実践の意義を考えると同時に深める場である。

　しかし、同じ題材や集団の中で学ぶとしても、特別活動と道徳科では目指す方向が若干異なる。人と人との関係、つまり人間関係についての学びを例に取りあげると、特別活動では、課題について話し合い、解決策を集団で合意形成したり、自分自身の意思決定をしたりすることが目的とされる。道徳科では、なぜ人間関係の課題を解決するのが大切なのか、なぜ人間関係は大切なのか、といった道徳的価値の理解を深める方向が重視される。特別活動では実践そのものに、道徳科では行為の価値や道徳性の育成に力点が置かれている。特別活動は、道徳性の育成に関わる体験を取り入れ、活動そのものを充実させながら、道徳教育の一躍を担っていると言える。こうした特性の把握した上で、実践を展開すれば、両者の関係は補完的から相乗的なものになる。

## 2　総合的な学習の時間と道徳

　総合的な学習の時間では、横断的・総合的な学習を行いながら、自己の生き方を考えていくための資質・能力を育成する。その際には、探究や体験を大切にしながら知の総合化を意識している。探究課題は、各学校の実態に応じて設定することができ、各学年の目標や内容も細かく規

定されていない。

　机上の知識学習とは一線を画す総合的な学習の時間では、必然的に他者との交流や協働が求められる。人や集団と関わる以上、学習の過程では道徳教育との関係も必ず生じてくる。小学校と中学校の学習指導要領では、学校における道徳教育は、特別の教科である道徳を要として、総合的な学習の時間などそれぞれの特質に応じて、適切に行うとある。

　総合的な学習の時間の目標は、探究的な見方・考え方を働かせながら、自己の生き方を考えていくための資質・能力の育成である。生き方を考えるという視点は、道徳教育の目標にも通ずる部分である。生き方を考えるとは、自らの生活や行動について考えると同時に、自分にとって学ぶことの意味や価値を考えて見解を深め、それらを自己の生き方につなげることである。まさに道徳教育の目標に他ならない。

　総合的な学習の時間の内容は、各学校に任されているが、目標を実現するためにふさわしい課題として、国際理解、情報、環境、福祉・健康などの現代的な諸課題に対応する横断的・総合的な課題、地域や学校の特色に応じた課題、児童生徒の興味・関心に基づく課題、職業や自己の将来に関する課題などが考えられている。これらの課題を探究し、解決していく過程では、人や集団や社会との関係や自身の行動などについての道徳的な判断や心情も大切となってくる。道徳的価値の理解に取り組みながら人間としての生き方を考える必要も認められる。

　広い意味での道徳教育だけでなく、道徳科の授業においても同様である。総合的な学習の時間では、探究的な見方・考え方を働かせて、横断的・総合的な学習を通して、課題を解決し、自己の生き方を考える。道徳科では、道徳的価値についての理解を基に、自己を見つめ、自己の生き方についての考えを深める学習を通して、道徳性を養う。どちらも児童生徒の人間としての生き方を考えている。両者の関連が充実すれば、

児童生徒の道徳性の発展的、調和的な育成に結びつく。

　目標や学習指導要領に示された部分だけでなく、総合的な学習の時間と道徳の関係は具体的な課題や内容からも留意が必要である。探究を大切にする総合的な学習の時間では、探究的な学習の過程において、コンピュータや情報通信ネットワークなどを活用した実践も視野に入れている。これらの活用は、情報を収集・整理・発信する際に非常に有益となる。そこでは、情報を見極め、吟味し、活用するような情報活用能力と、情報モラルや倫理という意識が求められる。

　また、総合的な学習の時間では、特別活動と同様に自然体験や職場体験活動、ボランティア活動などの社会体験なども積極的に取り入れるように試みられる。これらの活動にも社会道徳などが求められることは言うまでもない。地域社会や学校以外の集団に触れる場面では、相手の立場や思いに配慮した言動および道徳性が求められる。

　総合的な学習の時間と道徳も、特別活動と同様に関連が深く、補完的関係にとどまらず、相乗的な効果も期待できる。その効果を得るためには、各学校の年間計画の立案時からのカリキュラム・マネジメントが必要である。総合的な学習の時間の探究過程で、道徳と関連の深い課題などを意識しておけば、道徳科において道徳的価値について体験的な活動を組み合わせる実践も可能となる。いずれにしろ、両者の特質を踏まえながらの指導が求められる。

# 第3章　教科外活動の課題と今後の方向

## 第1節　教科外活動の位置の再考

　現代の学校の責務は、将来を担う児童生徒に対し、これからの社会を生き抜いていく資質・能力を養う点にある。その資質・能力は、もちろん「知識・技能」だけではなく、あらゆる課題に対応できる「思考力・判断力・表現力等」、そして学びを人生や社会に生かそうとする「学びに向かう力・人間性等」が大切となる。学校において、それらの育成は、各教科だけでなく、教科外活動が担っていく必要がある。

　各教科と異なり、特別活動や総合的な学習の時間では、実践や探究が重視される。実社会で課題や壁に直面した時、必要となってくるのは学んだ内容を生かした問題解決である。問題解決には絶えず実践と探究が求められる。つまり、将来の社会を生きるのに必要な資質・能力は、教科外活動で養われる部分が大きい。実際、学校教育での学びが実際の社会で生かされるのは、人間関係づくりや社会参画の意識、そして自分の生き方を考える態度などである。これらの背後には、各教科の知識や技術も要素としてあるが、学んだ内容や経験を総括する場として、教科外活動の意義は、社会に出てから認められる場合もある。

　従来の学校では、教科外活動よりも各教科の学習が重視される傾向があった。この傾向は、高度成長期や受験を強く意識した時期により強く認められる。知識を有しているだけでは、社会で出合う問題に立ち向かい、解決し、自分の生き方を探ることはできない。そこには、学んだことをどういかすかという生きるための方法が必要とされる。そこの部分に貢献しているのが、教科外活動なのである。

教科外活動の過程では、実践と探究を大切にしながら、必ず集団と関わる。人は一人では生きてはいけず、何らかの形で他者や物事と関係する。教科外活動も自分一人では成立しないという側面を有する。他者との学びや、自分の意見を他者に表明し、話し合い、義務や責任を果たす役割を実践しながら、生き方を身に付けていく。この過程は、道徳教育にも通ずる部分があり、ある意味では、教育課程の中核を担っているとも言える。

　そのように考えていくと、今後は学校の教育課程において、教科外活動の役割や意義などを再確認した方が良さそうである。そのような視点から我が国の教育を振り返った場合、戦後直後の昭和20年代前半に展開されたコア・カリキュラム運動が参考になる。

　コア・カリキュラム運動とは、問題解決の課題や活動をカリキュラムのコア（中心）に置き、問題解決のための知識や技術を周辺に配置するような構成をとる。具体的には、地域の解決すべき具体的課題（なぜこの地域は水害が多いのか、公共施設の役割は何か、農業はなぜ儲からないのか）などの解決を中心に教育活動を展開する。その解決のためには、国語・算数・理科・社会の知識が必要となるはずである。その際、知識は解決に向けての道具となり、知識自体の習得が目的ではない。あくまでの解決の過程の学びが重視される。

　この運動の発端となった代表例として、郵便の仕組みをコアにした「郵便ごっこ」の実践がある。この実践では、郵便の仕組みを教室内で再現することにより、社会の仕組みを学ばせ、自分と社会の関わりを考えさせた。具体的には、郵便を出す子・郵便局員の子・郵便を受け取る子などの複数のグループに分かれる。郵便を出す際には、国語の書き、社会の地図、算数で料金の計算、理科で重さの計測、郵便局での対応などの要素が関係する。郵便の配達には、宛先を読む国語の知識、都道府県な

第3章　教科外活動の課題と今後の方向

どの地図の知識、届け先での対応などが意識される。もちろん郵便を受け取る際にも同様であり、なおかつ受け取った子は、返事を書く。これらの過程が繰り返されるのである。

　この「郵便ごっこ」のコア・カリキュラムの場合、「郵便」をコアに置けば、他の知識は実践の過程で習得できると考えた。そして「郵便ごっこ」に続く実践を、児童生徒の興味関心に配慮しながら配置していけば、多くの問題解決実践や探究活動が展開されることになり、各教科で習得すべき知識や技術も得られると計画された。学級内を小さな社会に見立てたり、産業構造などを再現したりすることにより、社会での道徳性の育成や自身の生き方なども視野に入れる実践も進められた。しかし、この実践では、当然のように大人が期待するような基礎学力を育成できず、児童生徒の学力低下を招いた。同時に、現状把握的な問題に限られた実践視点に対する批判なども寄せられた。

　しかし、現代の社会状況や教科外活動の視点から、コア・カリキュラム運動を振り返ると学ぶべき面も少なくない。これらの実践では、「なすことによって学ぶ」が繰り返され、学ぶ過程自体も習得していた。同時に、そこでは集団内の活動や、自分の立場や振る舞い方などを含めた道徳な価値の学習と実践が繰り返され、学びが深められていた。現代でも特別活動の各種行事や総合的な学習の時間の課題などをコアとした場合、同じような成果が生まれると考えられる。コア・カリキュラム運動の単なる模倣ではなく、教科外活動をコアとし、育成すべき資質・能力を中心に各教科等を活用するような教育課程も時には有益なはずである。各学校の特色を盛り込める教科外活動では、このような発想も可能となる。

## 第2節　キャリア教育の視点

　教科外活動を学ぶ立場から、初等中等教育から高等教育への接続を考えた場合、各段階でのキャリア教育の視点はきわめて大きな示唆を与えてくれる。キャリア教育とは、2011（平成23）年の中央教育審議会答申において「一人一人の社会的・職業的自立に向け、必要な基盤となる能力や態度を育てることを通して、キャリア発達を促す教育」と定義付けられている。キャリア発達とは、社会や集団の中で自分の役割を果たしながら、自身の価値や責任などを把握し、自分らしい生き方を実現していく過程である。

　つまり、キャリア教育で目指す方向は、教科外活動としての特別活動の目的とする部分と通じているのである。実際に、小学校から高等学校までの学習指導要領の総則には、「児童（生徒）が、学ぶことと自己の将来とのつながりを見通しながら、社会的・職業的自立に向けて必要な基盤となる資質・能力を身に付けていくことができるよう、特別活動を要としつつ各教科等の特質に応じて、キャリア教育の充実を図ること」とある。小学校段階から一貫して、キャリア教育を視野に入れる背景には、就職や就業をめぐる環境の変化や、児童生徒の生活や社会参加への意欲の変容などがある。そのため、特別活動でのキャリア教育や、総合的な学習の時間での職業や自己の将来に関する学習が、大切にされるようになってきている。

　2017（平成29）年の学習指導要領改訂によって、小学校の学級活動の内容に「一人一人のキャリア形成と自己実現」の項目が新設された。この新設により小・中・高等学校つながりが明確になっている。もちろん小学校段階では、強く進路や職業が意識されているわけでなく、社会的な自立や社会の形成者の育成の方向と結び付いている。具体的には、以

第3章　教科外活動の課題と今後の方向

下の通りである。
　　ア　現在や将来に希望や目標をもって生きる意欲や態度の形成
　　イ　社会参画意識の醸成や働くことの意義の理解
　　ウ　主体的な学習態度の形成と学校図書館の利用
　ここでは、学級の生活に関わる中で、自己を生かしながら生活向上を意識し、学級という社会への参画を大切にしている。その過程では、当番活動や係活動の役割分担と協働、主体的な学びと各種施設設備の効果的な活用も大切となってくる。児童にとって必要となる今後の学びや生き方を考える基礎的な資質・能力の育成が目指されている。

　特別活動だけでなく、キャリア形成の視点から見れば、総合的な学習の時間も小学校段階からキャリア発達を意識している。従来から、ボランティアなどの社会体験、生産活動などの体験活動を内容として組み込むことを提案している。その上に、今回の改訂では、情報通信ネットワークの活用やプログラミングの体験なども加味された。これらは、明らかにキャリア形成との関連を意識している

　中学校の学習指導要領でも、キャリア教育の要は特別活動であるとした上で、小学校との相違として、「生徒が自らの生き方を考え主体的に進路を選択することができるよう、学校の教育活動全体を通じ、組織的かつ計画な進路指導を行うこと」という一文が付け加えられている。特別活動でキャリア教育を扱うのは、小学校と同様に学級活動であり、学習指導要領では、従来の「学業と進路」という項目が「一人一人のキャリア形成と自己実現」に置きかわった。この意味は、中学校のキャリア教育というイメージが、卒業後の進路決定に力点が置かれ、進学指導に偏っていたという反省にもあるのだろう。具体的には次のような項目が示されている。
　　ア　社会生活、職業生活との接続を踏まえた主体的な学習態度の形成

と学校図書館等の活用
イ　社会参画意識の醸成や勤労観・職業観の形成
ウ　主体的な進路の選択と将来設計

　ここでは、学校における学習が、キャリア形成につながり、主体的な学びが自己の生き方へ結び付くという流れある。社会や集団生活を営む上での規律や道徳、社会参画のための意識や勤労観を形成し、生徒の将来設計や自己実現への努力を示している。実際の社会や職業への接触も期待されている。

　将来や自己の生き方に関する学習は、総合的な学習の時間でも取り扱う。将来を展望し、職業や勤労に関する学習として、現在では職場体験活動なども実践されている。この学習では、事前に様々な職業について調査し、自身で課題を見付け、職場体験に臨み、体験での学びを振り返るような流れが想定されている。この一連の活動で生徒自身が、働く意味や自分の将来を考え、将来を切り開いていくような資質・能力の育成が期待されている。特別活動との棲み分けなどの課題はあるが、勤労の尊さの把握や自己実現の方向付けに有益である。

　高等学校段階になると、キャリア教育はより具体的になる。教育課程の構成をみても理解できるように、職業的な要素の多く含まれる専門科目も配置されている。科目では、公民の公共のように、キャリア形成やキャリア教育自体を学ぶ時間もある。その中でキャリア教育の展開は、小学校と中学校と同様に特別活動を要としつつ各教科等の特質に応じて展開される。学習指導要領で項目立てて扱われているのは、特別活動のホームルーム活動においてである。ここでは、中学校と同様にかつての「学業と進路」から「一人一人のキャリア形成と自己実現」と表現を変化させている。そこでの項目は以下の4つである。
ア　学校生活と社会的・職業的自立の意義の理解

イ　主体的な学習態度の確立と学校図書館の活用
　ウ　社会参画意識の醸成や勤労観・職業観の形成
　エ　主体的な進路選択決定と将来設計

　高等学校段階になると、学習の見通しと職業との関連が具体的になる。自分の適性や個性などを意識した上で、社会の一員として、働くことや社会への貢献を自覚する必要がある。将来を考えた職業選択のために、情報収集・情報活用などが求められる。

　また、職業や自己の進路に関する課題は、総合的な探究の時間で扱われる場合もある。その際には、各教科等で得られた知を総合化するような、横断的・総合的な学習としての性格を持たせ、将来の生き方なども視野に入れる必要がある。

## 第3節　これからの人間形成と教科外活動

　今後の社会は、より複雑化し変化が激しくなるだろう。情報通信技術の発展などが、日々の生活にどのような革新をもたらすかは、予測できない。そのような社会を生きる児童生徒には、様々な場面で出会う課題を解決し、しっかりと自分の道を前に進む能力が求められてくる。

　そのように考えた場合、今後は受け身的な教育ではなく、児童生徒が主体となる学びが大切となる。ここ数年では、各教科でも「主体的・対話的で深い学び」を意識した実践が試みられている。この「主体的・対話的で深い学び」という観点であるが、教科外活動では、自然と取り入れることが可能である。児童生徒が主体的に、集団の中で、問題解決を展開し、認識を深める学びこそが教科外活動に他ならない。その学びの過程では、各教科で培われた知識や能力が統合され、実践が行われる学級や学校という社会で、自己を見つめ、自分の生き方も考えるようになるはずである。

予測不能な社会や未来を生き抜くにあたって、教科外活動は、まさに主体的に物事に取り組む資質・能力の中心的な育成の場なのである。これまで教科外活動は、学校の教育課程において、あるいは試験や受験において、重要視されてきたわけではない。むしろ、学級内の規律の維持や各種行事での体験などに力点が置かれていたに過ぎない場合もあった。これからは、教科外活動自体の教育課程での位置付けや、活動に対する認識を新たにする必要もあるだろう。

　現代では、少子化や核家族化、地域のつながりの欠如、遊び場の減少などの傾向から、人と人の触れあいの機会が減っている。大人も含めて人間関係が希薄になっている。しかし、人は社会や集団の中で関係を結び、協力し合いながら生きねばならない。その関係を学ぶ場のひとつが学校の教科外活動である。関係の中には、役割分担や話し合い、立場の相違、様々な意見対立など、多くの要因が含まれる。そこから、他者を認め、自分を認め、学校という社会で、社会参画や自己実現の意識だけでなく、道徳的価値なども学ぶ。それらは、これからの未知の社会でも活用できるはずである。

　また、教師の側からみても、教科外活動には新たな可能性を見いだせる。教科書や決まった教材の存在しない教科外活動では、各教科と異なる活動が展開される。児童生徒が得意分野で、能力やセンスなどの個性を発揮する場でもある。普段は見せないような姿で生き生きと活躍する児童生徒もいるであろう。そのような長所や個性を積極的に伸ばし、社会的な資質や行動力を高めるような生徒指導も展開できる。生徒指導というと、集団の中で問題行動や社会的不適応が見られる児童生徒の治療や矯正が目的という印象が強く、積極的に児童生徒の可能性や個性を伸張させようとする視点が弱かったと言える。教科外活動での児童生徒の動きを観察していけば、彼らをより伸ばすような開発的で積極的な生徒

指導も進められる。

　同時に、学級や学校という小さな社会集団という観点も最大限に活用しておきたい。集団の中には、ネットワークとコミュニケーションが存在する。それらが存在するのは、同じ目的や意識を持った人の集まりであるためであり、単に人が群れている群衆とは異なる。集団内のネットワークとしての関係は、活動を通して多種多様に変化すると同時に、太くなる。張り巡らされたネットワークは、多少の数が切断されても、集団自体に変化はみられない。同時に切断されたネットワークを他のネットワークが修復する可能性もある。集団である以上、ネットワークとして特定の人間関係が上手に運ばないケースもある。しかし、他の人間関係があれば、集団からの離脱や孤立はないだろう。このような視点は、いじめや不登校の未然防止や対応などにも活用できるはずである。

　いかなる集団においても、意思疎通はコミュニケーションにより行われる。我々は、集団生活において、コミュニケーションを活用して感情の表現や人と接する態度、自分の考えの伝え方などを学ぶ。それらを学びながら、情報や善悪などを見極める目を養っている。また、自ら情報を発信する際には、その情報に対する責任を意識する必要も学ぶ。つまり、活発なコミュニケーションは、個人の人格成長に寄与しているのである。同様に、コミュニケーションは、その集団自体を目的にむかって前進・成長させる力も持つ。学級集団や各種委員会活動などの例を挙げるまでもないが、創設時の集団と時間を経た後の集団では、性質や教育力が大きく異なっている。個人と同時に集団も成長させるのである。言いかえれば、コミュニケーションのないところに成長はないとも表現できる。

　もちろん、時代や社会状況の変化に伴いネットワークとコミュニケーションの形態も変化してきた。直接的に向かい合うことをせずに、情報

端末などの機器を介した関係もある。その際においても、自身が組んでいるネットワークの種類や強さ、コミュニケーションの能力などが求められる。このような資質や能力は、学校における教科外活動において、その基礎を養う必要がある。

　教科外活動は、あらゆる可能性を広げる学びの集合体である。それは、児童生徒にとってだけでなく、教職員や保護者、地域の人々や組織などを含めている。教科外活動は、児童生徒だけでは成立しない。教職員や教育に携わる人々の意識や、カリキュラム・マネジメントの考え方の上に展開された時、これまで以上の成果を生むだろう。その意味で、現在の教育界で言われている「チーム学校」や「連携と協働」の意識が大切となる。各教科とのつながり、地域とのつながり、そして教職員の組織などが一体となった実践こそが、これからの教科外活動の特色となるであろう。教科外活動が充実すれば、児童生徒が成長し、学校という組織が成長する。もちろん、教師自身も成長するはずである。

# 資　　料

資　料

## 資料　小学校学習指導要領

### 第5章　総合的な学習の時間

#### 第1　目標

　探究的な見方・考え方を働かせ，横断的・総合的な学習を行うことを通して，よりよく課題を解決し，自己の生き方を考えていくための資質・能力を次のとおり育成することを目指す。
(1) 探究的な学習の過程において，課題の解決に必要な知識及び技能を身に付け，課題に関わる概念を形成し，探究的な学習のよさを理解するようにする。
(2) 実社会や実生活の中から問いを見いだし，自分で課題を立て，情報を集め，整理・分析して，まとめ・表現することができるようにする。
(3) 探究的な学習に主体的・協働的に取り組むとともに，互いのよさを生かしながら，積極的に社会に参画しようとする態度を養う。

#### 第2　各学校において定める目標及び内容

##### 1　目標

　各学校においては，第1の目標を踏まえ，各学校の総合的な学習の時間の目標を定める。

##### 2　内容

　各学校においては，第1の目標を踏まえ，各学校の総合的な学習の時間の内容を定める。

##### 3　各学校において定める目標及び内容の取扱い

　各学校において定める目標及び内容の設定に当たっては，次の事項に配慮するものとする。
(1) 各学校において定める目標については，各学校における教育目標を踏まえ，総合的な学習の時間を通して育成を目指す資質・能力を示すこと。
(2) 各学校において定める目標及び内容については，他教科等の目標及び内容との違いに留意しつつ，他教科等で育成を目指す資質・能力との関連を重視すること。
(3) 各学校において定める目標及び内容については，日常生活や社会との関わりを重視すること。
(4) 各学校において定める内容については，目標を実現するにふさわしい探究課題，探究課題の解決を通して育成を目指す具体的な資質・能力を示すこと。
(5) 目標を実現するにふさわしい探究課題については，学校の実態に応じて，例えば，国際理解，情報，環境，福祉・健康などの現代的な諸課題に対応する横断的・総合的な課題，地域の人々の暮らし，伝統と文化など地域や学校の特色に応じた

課題，児童の興味・関心に基づく課題などを踏まえて設定すること。
(6) 探究課題の解決を通して育成を目指す具体的な資質・能力については，次の事項に配慮すること。
　ア　知識及び技能については，他教科等及び総合的な学習の時間で習得する知識及び技能が相互に関連付けられ，社会の中で生きて働くものとして形成されるようにすること。
　イ　思考力，判断力，表現力等については，課題の設定，情報の収集，整理・分析，まとめ・表現などの探究的な学習の過程において発揮され，未知の状況において活用できるものとして身に付けられるようにすること。
　ウ　学びに向かう力，人間性等については，自分自身に関すること及び他者や社会との関わりに関することの両方の視点を踏まえること。
(7) 目標を実現するにふさわしい探究課題及び探究課題の解決を通して育成を目指す具体的な資質・能力については，教科等を越えた全ての学習の基盤となる資質・能力が育まれ，活用されるものとなるよう配慮すること。

第3　指導計画の作成と内容の取扱い

1　指導計画の作成に当たっては，次の事項に配慮するものとする。
(1) 年間や，単元など内容や時間のまとまりを見通して，その中で育む資質・能力の育成に向けて，児童の主体的・対話的で深い学びの実現を図るようにすること。その際，児童や学校，地域の実態等に応じて，児童が探究的な見方・考え方を働かせ，教科等の枠を超えた横断的・総合的な学習や児童の興味・関心等に基づく学習を行うなど創意工夫を生かした教育活動の充実を図ること。
(2) 全体計画及び年間指導計画の作成に当たっては，学校における全教育活動との関連の下に，目標及び内容，学習活動，指導方法や指導体制，学習の評価の計画などを示すこと。
(3) 他教科等及び総合的な学習の時間で身に付けた資質・能力を相互に関連付け，学習や生活において生かし，それらが総合的に働くようにすること。その際，言語能力，情報活用能力など全ての学習の基盤となる資質・能力を重視すること。
(4) 他教科等の目標及び内容との違いに留意しつつ，第1の目標並びに第2の各学校において定める目標及び内容を踏まえた適切な学習活動を行うこと。
(5) 各学校における総合的な学習の時間の名称については，各学校において適切に定めること。
(6) 障害のある児童などについては，学習活動を行う場合に生じる困難さに応じた指導内容や指導方法の工夫を計画的，組織的に行うこと。
(7) 第1章総則の第1の2の(2)に示す道徳教育の目標に基づき，道徳科などとの関連を考慮しながら，第3章特別の教科道徳の第2に示す内容について，総合的な学習の時間の特質に応じて適切な指導をすること。

2　第2の内容の取扱いについては，次の事項に配慮するものとする。

資　料

(1) 第2の各学校において定める目標及び内容に基づき，児童の学習状況に応じて教師が適切な指導を行うこと。
(2) 探究的な学習の過程においては，他者と協働して課題を解決しようとする学習活動や，言語により分析し，まとめたり表現したりするなどの学習活動が行われるようにすること。その際，例えば，比較する，分類する，関連付けるなどの考えるための技法が活用されるようにすること。
(3) 探究的な学習の過程においては，コンピュータや情報通信ネットワークなどを適切かつ効果的に活用して，情報を収集・整理・発信するなどの学習活動が行われるよう工夫すること。その際，コンピュータで文字を入力するなどの学習の基盤として必要となる情報手段の基本的な操作を習得し，情報や情報手段を主体的に選択し活用できるよう配慮すること。
(4) 自然体験やボランティア活動などの社会体験，ものづくり，生産活動などの体験活動，観察・実験，見学や調査，発表や討論などの学習活動を積極的に取り入れること。
(5) 体験活動については，第1の目標並びに第2の各学校において定める目標及び内容を踏まえ，探究的な学習の過程に適切に位置付けること。
(6) グループ学習や異年齢集団による学習などの多様な学習形態，地域の人々の協力も得つつ，全教師が一体となって指導に当たるなどの指導体制について工夫を行うこと。
(7) 学校図書館の活用，他の学校との連携，公民館，図書館，博物館等の社会教育施設や社会教育関係団体等の各種団体との連携，地域の教材や学習環境の積極的な活用などの工夫を行うこと。
(8) 国際理解に関する学習を行う際には，探究的な学習に取り組むことを通して，諸外国の生活や文化などを体験したり調査したりするなどの学習活動が行われるようにすること。
(9) 情報に関する学習を行う際には，探究的な学習に取り組むことを通して，情報を収集・整理・発信したり，情報が日常生活や社会に与える影響を考えたりするなどの学習活動が行われるようにすること。第1章総則の第3の1の(3)のイに掲げるプログラミングを体験しながら論理的思考力を身に付けるための学習活動を行う場合には，プログラミングを体験することが，探究的な学習の過程に適切に位置付くようにすること。

## 第6章　特別活動

### 第1　目標

集団や社会の形成者としての見方・考え方を働かせ，様々な集団活動に自主的，実践的に取り組み，互いのよさや可能性を発揮しながら集団や自己の生活上の課題を解決することを通して，次のとおり資質・能力を育成することを目指す。

(1) 多様な他者と協働する様々な集団活動の意義や活動を行う上で必要となることについて理解し，行動の仕方を身に付けるようにする。
(2) 集団や自己の生活，人間関係の課題を見いだし，解決するために話し合い，合意形成を図ったり，意思決定したりすることができるようにする。
(3) 自主的，実践的な集団活動を通して身に付けたことを生かして，集団や社会における生活及び人間関係をよりよく形成するとともに，自己の生き方についての考えを深め，自己実現を図ろうとする態度を養う。

## 第2　各活動・学校行事の目標及び内容

〔学級活動〕

### 1　目標

学級や学校での生活をよりよくするための課題を見いだし，解決するために話し合い，合意形成し，役割を分担して協力して実践したり，学級での話合いを生かして自己の課題の解決及び将来の生き方を描くために意思決定して実践したりすることに，自主的，実践的に取り組むことを通して，第1の目標に掲げる資質・能力を育成することを目指す。

### 2　内容

1の資質・能力を育成するため，全ての学年において，次の各活動を通して，それぞれの活動の意義及び活動を行う上で必要となることについて理解し，主体的に考えて実践できるよう指導する。

(1) 学級や学校における生活づくりへの参画
　ア　学級や学校における生活上の諸問題の解決
　　学級や学校における生活をよりよくするための課題を見いだし，解決するために話し合い，合意形成を図り，実践すること。
　イ　学級内の組織づくりや役割の自覚
　　学級生活の充実や向上のため，児童が主体的に組織をつくり，役割を自覚しながら仕事を分担して，協力し合い実践すること。
　ウ　学校における多様な集団の生活の向上
　　児童会など学級の枠を超えた多様な集団における活動や学校行事を通して学校生活の向上を図るため，学級としての提案や取組を話し合って決めること。
(2) 日常の生活や学習への適応と自己の成長及び健康安全
　ア　基本的な生活習慣の形成
　　身の回りの整理や挨拶などの基本的な生活習慣を身に付け，節度ある生活にすること。
　イ　よりよい人間関係の形成
　　学級や学校の生活において互いのよさを見付け，違いを尊重し合い，仲よくしたり信頼し合ったりして生活すること。
　ウ　心身ともに健康で安全な生活態度の形成

資　料

　　　　現在及び生涯にわたって心身の健康を保持増進することや，事件や事故，災害等から身を守り安全に行動すること。
　　エ　食育の観点を踏まえた学校給食と望ましい食習慣の形成
　　　　給食の時間を中心としながら，健康によい食事のとり方など，望ましい食習慣の形成を図るとともに，食事を通して人間関係をよりよくすること。
　(3)　一人一人のキャリア形成と自己実現
　　ア　現在や将来に希望や目標をもって生きる意欲や態度の形成
　　　　学級や学校での生活づくりに主体的に関わり，自己を生かそうとするとともに，希望や目標をもち，その実現に向けて日常の生活をよりよくしようとすること。
　　イ　社会参画意識の醸成や働くことの意義の理解
　　　　清掃などの当番活動や係活動等の自己の役割を自覚して協働することの意義を理解し，社会の一員として役割を果たすために必要となることについて主体的に考えて行動すること。
　　ウ　主体的な学習態度の形成と学校図書館等の活用
　　　　学ぶことの意義や現在及び将来の学習と自己実現とのつながりを考えたり，自主的に学習する場としての学校図書館等を活用したりしながら，学習の見通しを立て，振り返ること。

3　内容の取扱い
　(1)　指導に当たっては，各学年段階で特に次の事項に配慮すること。
　　〔第1学年及び第2学年〕
　　　　話合いの進め方に沿って，自分の意見を発表したり，他者の意見をよく聞いたりして，合意形成して実践することのよさを理解すること。基本的な生活習慣や，約束やきまりを守ることの大切さを理解して行動し，生活をよくするための目標を決めて実行すること。
　　〔第3学年及び第4学年〕
　　　　理由を明確にして考えを伝えたり，自分と異なる意見も受け入れたりしながら，集団としての目標や活動内容について合意形成を図り，実践すること。自分のよさや役割を自覚し，よく考えて行動するなど節度ある生活を送ること。
　　〔第5学年及び第6学年〕
　　　　相手の思いを受け止めて聞いたり，相手の立場や考え方を理解したりして，多様な意見のよさを積極的に生かして合意形成を図り，実践すること。高い目標をもって粘り強く努力し，自他のよさを伸ばし合うようにすること。
　(2)　2の(3)の指導に当たっては，学校，家庭及び地域における学習や生活の見通しを立て，学んだことを振り返りながら，新たな学習や生活への意欲につなげたり，将来の生き方を考えたりする活動を行うこと。その際，児童が活動を記録し蓄積する教材等を活用すること。

〔児童会活動〕
1　目標

　　異年齢の児童同士で協力し，学校生活の充実と向上を図るための諸問題の解決に向けて，計画を立て役割を分担し，協力して運営することに自主的，実践的に取り組むことを通して，第1の目標に掲げる資質・能力を育成することを目指す。

2　内容

　　1の資質・能力を育成するため，学校の全児童をもって組織する児童会において，次の各活動を通して，それぞれの活動の意義及び活動を行う上で必要となることについて理解し，主体的に考えて実践できるよう指導する。
　(1)　児童会の組織づくりと児童会活動の計画や運営
　　　児童が主体的に組織をつくり，役割を分担し，計画を立て，学校生活の課題を見いだし解決するために話し合い，合意形成を図り実践すること。
　(2)　異年齢集団による交流
　　　児童会が計画や運営を行う集会等の活動において，学年や学級が異なる児童と共に楽しく触れ合い，交流を図ること。
　(3)　学校行事への協力
　　　学校行事の特質に応じて，児童会の組織を活用して，計画の一部を担当したり，運営に協力したりすること。

3　内容の取扱い
　(1)　児童会の計画や運営は，主として高学年の児童が行うこと。その際，学校の全児童が主体的に活動に参加できるものとなるよう配慮すること。

〔クラブ活動〕
1　目標

　　異年齢の児童同士で協力し，共通の興味・関心を追求する集団活動の計画を立てて運営することに自主的，実践的に取り組むことを通して，個性の伸長を図りながら，第1の目標に掲げる資質・能力を育成することを目指す。

2　内容

　　1の資質・能力を育成するため，主として第4学年以上の同好の児童をもって組織するクラブにおいて，次の各活動を通して，それぞれの活動の意義及び活動を行う上で必要となることについて理解し，主体的に考えて実践できるよう指導する。
　(1)　クラブの組織づくりとクラブ活動の計画や運営
　　　児童が活動計画を立て，役割を分担し，協力して運営に当たること。
　(2)　クラブを楽しむ活動
　　　異なる学年の児童と協力し，創意工夫を生かしながら共通の興味・関心を追求すること。

資　　料

(3) クラブの成果の発表

　　活動の成果について，クラブの成員の発意・発想を生かし，協力して全校の児童や地域の人々に発表すること。

〔学校行事〕
1　目標

　　全校又は学年の児童で協力し，よりよい学校生活を築くための体験的な活動を通して，集団への所属感や連帯感を深め，公共の精神を養いながら，第1の目標に掲げる資質・能力を育成することを目指す。

2　内容

　　1の資質・能力を育成するため，全ての学年において，全校又は学年を単位として，次の各行事において，学校生活に秩序と変化を与え，学校生活の充実と発展に資する体験的な活動を行うことを通して，それぞれの学校行事の意義及び活動を行う上で必要となることについて理解し，主体的に考えて実践できるよう指導する。

(1) 儀式的行事

　　学校生活に有意義な変化や折り目を付け，厳粛で清新な気分を味わい，新しい生活の展開への動機付けとなるようにすること。

(2) 文化的行事

　　平素の学習活動の成果を発表し，自己の向上の意欲を一層高めたり，文化や芸術に親しんだりするようにすること。

(3) 健康安全・体育的行事

　　心身の健全な発達や健康の保持増進，事件や事故，災害等から身を守る安全な行動や規律ある集団行動の体得，運動に親しむ態度の育成，責任感や連帯感の涵養，体力の向上などに資するようにすること。

(4) 遠足・集団宿泊的行事

　　自然の中での集団宿泊活動などの平素と異なる生活環境にあって，見聞を広め，自然や文化などに親しむとともに，よりよい人間関係を築くなどの集団生活の在り方や公衆道徳などについての体験を積むことができるようにすること。

(5) 勤労生産・奉仕的行事

　　勤労の尊さや生産の喜びを体得するとともに，ボランティア活動などの社会奉仕の精神を養う体験が得られるようにすること。

3　内容の取扱い

(1) 児童や学校，地域の実態に応じて，2に示す行事の種類ごとに，行事及びその内容を重点化するとともに，各行事の趣旨を生かした上で，行事間の関連や統合を図るなど精選して実施すること。また，実施に当たっては，自然体験や社会体験などの体験活動を充実するとともに，体験活動を通して気付いたことなどを振り返り，まとめたり，発表し合ったりするなどの事後の活動を充実すること。

資　料

第3　指導計画の作成と内容の取扱い
1　指導計画の作成に当たっては，次の事項に配慮するものとする。
(1) 特別活動の各活動及び学校行事を見通して，その中で育む資質・能力の育成に向けて，児童の主体的・対話的で深い学びの実現を図るようにすること。その際，よりよい人間関係の形成，よりよい集団生活の構築や社会への参画及び自己実現に資するよう，児童が集団や社会の形成者としての見方・考え方を働かせ，様々な集団活動に自主的，実践的に取り組む中で，互いのよさや個性，多様な考えを認め合い，等しく合意形成に関わり役割を担うようにすることを重視すること。
(2) 各学校においては特別活動の全体計画や各活動及び学校行事の年間指導計画を作成すること。その際，学校の創意工夫を生かし，学級や学校，地域の実態，児童の発達の段階などを考慮するとともに，第2に示す内容相互及び各教科，道徳科，外国語活動，総合的な学習の時間などの指導との関連を図り，児童による自主的，実践的な活動が助長されるようにすること。また，家庭や地域の人々との連携，社会教育施設等の活用などを工夫すること。
(3) 学級活動における児童の自発的，自治的な活動を中心として，各活動と学校行事を相互に関連付けながら，個々の児童についての理解を深め，教師と児童，児童相互の信頼関係を育み，学級経営の充実を図ること。その際，特に，いじめの未然防止等を含めた生徒指導との関連を図るようにすること。
(4) 低学年においては，第1章総則の第2の4の(1)を踏まえ，他教科等との関連を積極的に図り，指導の効果を高めるようにするとともに，幼稚園教育要領等に示す幼児期の終わりまでに育ってほしい姿との関連を考慮すること。特に，小学校入学当初においては，生活科を中心とした関連的な指導や，弾力的な時間割の設定を行うなどの工夫をすること。
(5) 障害のある児童などについては，学習活動を行う場合に生じる困難さに応じた指導内容や指導方法の工夫を計画的，組織的に行うこと。
(6) 第1章総則の第1の2の(2)に示す道徳教育の目標に基づき，道徳科などとの関連を考慮しながら，第3章特別の教科道徳の第2に示す内容について，特別活動の特質に応じて適切な指導をすること。

2　第2の内容の取扱いについては，次の事項に配慮するものとする。
(1) 学級活動，児童会活動及びクラブ活動の指導については，指導内容の特質に応じて，教師の適切な指導の下に，児童の自発的，自治的な活動が効果的に展開されるようにすること。その際，よりよい生活を築くために自分たちできまりをつくって守る活動などを充実するよう工夫すること。
(2) 児童及び学校の実態並びに第1章総則の第6の2に示す道徳教育の重点などを踏まえ，各学年において取り上げる指導内容の重点化を図るとともに，必要に応じて，内容間の関連や統合を図ったり，他の内容を加えたりすることができること。

資　　料

　(3)　学校生活への適応や人間関係の形成などについては，主に集団の場面で必要な指導や援助を行うガイダンスと，個々の児童の多様な実態を踏まえ，一人一人が抱える課題に個別に対応した指導を行うカウンセリング（教育相談を含む。）の双方の趣旨を踏まえて指導を行うこと。特に入学当初や各学年のはじめにおいては，個々の児童が学校生活に適応するとともに，希望や目標をもって生活できるよう工夫すること。あわせて，児童の家庭との連絡を密にすること。
　(4)　異年齢集団による交流を重視するとともに，幼児，高齢者，障害のある人々などとの交流や対話，障害のある幼児児童生徒との交流及び共同学習の機会を通して，協働することや，他者の役に立ったり社会に貢献したりすることの喜びを得られる活動を充実すること。

3　入学式や卒業式などにおいては，その意義を踏まえ，国旗を掲揚するとともに，国歌を斉唱するよう指導するものとする。

資　料

## 資料　中学校学習指導要領

### 第4章　総合的な学習の時間

#### 第1　目標

　探究的な見方・考え方を働かせ，横断的・総合的な学習を行うことを通して，よりよく課題を解決し，自己の生き方を考えていくための資質・能力を次のとおり育成することを目指す。
(1)　探究的な学習の過程において，課題の解決に必要な知識及び技能を身に付け，課題に関わる概念を形成し，探究的な学習のよさを理解するようにする。
(2)　実社会や実生活の中から問いを見いだし，自分で課題を立て，情報を集め，整理・分析して，まとめ・表現することができるようにする。
(3)　探究的な学習に主体的・協働的に取り組むとともに，互いのよさを生かしながら，積極的に社会に参画しようとする態度を養う。

#### 第2　各学校において定める目標及び内容

##### 1　目標

　各学校においては，第1の目標を踏まえ，各学校の総合的な学習の時間の目標を定める。

##### 2　内容

　各学校においては，第1の目標を踏まえ，各学校の総合的な学習の時間の内容を定める。

##### 3　各学校において定める目標及び内容の取扱い

　各学校において定める目標及び内容の設定に当たっては，次の事項に配慮するものとする。
(1)　各学校において定める目標については，各学校における教育目標を踏まえ，総合的な学習の時間を通して育成を目指す資質・能力を示すこと。
(2)　各学校において定める目標及び内容については，他教科等の目標及び内容との違いに留意しつつ，他教科等で育成を目指す資質・能力との関連を重視すること。
(3)　各学校において定める目標及び内容については，日常生活や社会との関わりを重視すること。
(4)　各学校において定める内容については，目標を実現するにふさわしい探究課題，探究課題の解決を通して育成を目指す具体的な資質・能力を示すこと。
(5)　目標を実現するにふさわしい探究課題については，学校の実態に応じて，例えば，国際理解，情報，環境，福祉・健康などの現代的な諸課題に対応する横断的・総合的な課題，地域や学校の特色に応じた課題，生徒の興味・関心に基づく課題，

資　料

　　職業や自己の将来に関する課題などを踏まえて設定すること。
(6) 探究課題の解決を通して育成を目指す具体的な資質・能力については，次の事項に配慮すること。
　ア　知識及び技能については，他教科等及び総合的な学習の時間で習得する知識及び技能が相互に関連付けられ，社会の中で生きて働くものとして形成されるようにすること。
　イ　思考力，判断力，表現力等については，課題の設定，情報の収集，整理・分析，まとめ・表現などの探究的な学習の過程において発揮され，未知の状況において活用できるものとして身に付けられるようにすること。
　ウ　学びに向かう力，人間性等については，自分自身に関すること及び他者や社会との関わりに関することの両方の視点を踏まえること。
(7) 目標を実現するにふさわしい探究課題及び探究課題の解決を通して育成を目指す具体的な資質・能力については，教科等を越えた全ての学習の基盤となる資質・能力が育まれ，活用されるものとなるよう配慮すること。

## 第3　指導計画の作成と内容の取扱い

1　指導計画の作成に当たっては，次の事項に配慮するものとする。
(1) 年間や，単元など内容や時間のまとまりを見通して，その中で育む資質・能力の育成に向けて，生徒の主体的・対話的で深い学びの実現を図るようにすること。その際，生徒や学校，地域の実態等に応じて，生徒が探究的な見方・考え方を働かせ，教科等の枠を超えた横断的・総合的な学習や生徒の興味・関心等に基づく学習を行うなど創意工夫を生かした教育活動の充実を図ること。
(2) 全体計画及び年間指導計画の作成に当たっては，学校における全教育活動との関連の下に，目標及び内容，学習活動，指導方法や指導体制，学習の評価の計画などを示すこと。その際，小学校における総合的な学習の時間の取組を踏まえること。
(3) 他教科等及び総合的な学習の時間で身に付けた資質・能力を相互に関連付け，学習や生活において生かし，それらが総合的に働くようにすること。その際，言語能力，情報活用能力など全ての学習の基盤となる資質・能力を重視すること。
(4) 他教科等の目標及び内容との違いに留意しつつ，第1の目標並びに第2の各学校において定める目標及び内容を踏まえた適切な学習活動を行うこと。
(5) 各学校における総合的な学習の時間の名称については，各学校において適切に定めること。
(6) 障害のある生徒などについては，学習活動を行う場合に生じる困難さに応じた指導内容や指導方法の工夫を計画的，組織的に行うこと。
(7) 第1章総則の第1の2の(2)に示す道徳教育の目標に基づき，道徳科などとの関連を考慮しながら，第3章特別の教科道徳の第2に示す内容について，総合的な学習の時間の特質に応じて適切な指導をすること。

資料

2 第2の内容の取扱いについては，次の事項に配慮するものとする。
(1) 第2の各学校において定める目標及び内容に基づき，生徒の学習状況に応じて教師が適切な指導を行うこと。
(2) 探究的な学習の過程においては，他者と協働して課題を解決しようとする学習活動や，言語により分析し，まとめたり表現したりするなどの学習活動が行われるようにすること。その際，例えば，比較する，分類する，関連付けるなどの考えるための技法が活用されるようにすること。
(3) 探究的な学習の過程においては，コンピュータや情報通信ネットワークなどを適切かつ効果的に活用して，情報を収集・整理・発信するなどの学習活動が行われるよう工夫すること。その際，情報や情報手段を主体的に選択し活用できるよう配慮すること。
(4) 自然体験や職場体験活動，ボランティア活動などの社会体験，ものづくり，生産活動などの体験活動，観察・実験，見学や調査，発表や討論などの学習活動を積極的に取り入れること。
(5) 体験活動については，第1の目標並びに第2の各学校において定める目標及び内容を踏まえ，探究的な学習の過程に適切に位置付けること。
(6) グループ学習や異年齢集団による学習などの多様な学習形態，地域の人々の協力も得つつ，全教師が一体となって指導に当たるなどの指導体制について工夫を行うこと。
(7) 学校図書館の活用，他の学校との連携，公民館，図書館，博物館等の社会教育施設や社会教育関係団体等の各種団体との連携，地域の教材や学習環境の積極的な活用などの工夫を行うこと。
(8) 職業や自己の将来に関する学習を行う際には，探究的な学習に取り組むことを通して，自己を理解し，将来の生き方を考えるなどの学習活動が行われるようにすること。

## 第5章 特別活動

第1 目標

集団や社会の形成者としての見方・考え方を働かせ，様々な集団活動に自主的，実践的に取り組み，互いのよさや可能性を発揮しながら集団や自己の生活上の課題を解決することを通して，次のとおり資質・能力を育成することを目指す。
(1) 多様な他者と協働する様々な集団活動の意義や活動を行う上で必要となることについて理解し，行動の仕方を身に付けるようにする。
(2) 集団や自己の生活，人間関係の課題を見いだし，解決するために話し合い，合意形成を図ったり，意思決定したりすることができるようにする。
(3) 自主的，実践的な集団活動を通して身に付けたことを生かして，集団や社会における生活及び人間関係をよりよく形成するとともに，人間としての生き方につ

資　　料

いての考えを深め，自己実現を図ろうとする態度を養う。
第２　各活動・学校行事の目標及び内容
〔学級活動〕
１　目標
　　学級や学校での生活をよりよくするための課題を見いだし，解決するために話し合い，合意形成し，役割を分担して協力して実践したり，学級での話合いを生かして自己の課題の解決及び将来の生き方を描くために意思決定して実践したりすることに，自主的，実践的に取り組むことを通して，第１の目標に掲げる資質・能力を育成することを目指す。

２　内容
　　１の資質・能力を育成するため，全ての学年において，次の各活動を通して，それぞれの活動の意義及び活動を行う上で必要となることについて理解し，主体的に考えて実践できるよう指導する。
　(1)　学級や学校における生活づくりへの参画
　　　ア　学級や学校における生活上の諸問題の解決
　　　　　学級や学校における生活をよりよくするための課題を見いだし，解決するために話し合い，合意形成を図り，実践すること。
　　　イ　学級内の組織づくりや役割の自覚
　　　　　学級生活の充実や向上のため，生徒が主体的に組織をつくり，役割を自覚しながら仕事を分担して，協力し合い実践すること。
　　　ウ　学校における多様な集団の生活の向上
　　　　　生徒会など学級の枠を超えた多様な集団における活動や学校行事を通して学校生活の向上を図るため，学級としての提案や取組を話し合って決めること。
　(2)　日常の生活や学習への適応と自己の成長及び健康安全
　　　ア　自他の個性の理解と尊重，よりよい人間関係の形成
　　　　　自他の個性を理解して尊重し，互いのよさや可能性を発揮しながらよりよい集団生活をつくること。
　　　イ　男女相互の理解と協力
　　　　　男女相互について理解するとともに，共に協力し尊重し合い，充実した生活づくりに参画すること。
　　　ウ　思春期の不安や悩みの解決，性的な発達への対応
　　　　　心や体に関する正しい理解を基に，適切な行動をとり，悩みや不安に向き合い乗り越えようとすること。
　　　エ　心身ともに健康で安全な生活態度や習慣の形成
　　　　　節度ある生活を送るなど現在及び生涯にわたって心身の健康を保持増進することや，事件や事故，災害等から身を守り安全に行動すること。
　　　オ　食育の観点を踏まえた学校給食と望ましい食習慣の形成

給食の時間を中心としながら，成長や健康管理を意識するなど，望ましい食習慣の形成を図るとともに，食事を通して人間関係をよりよくすること。
(3) 一人一人のキャリア形成と自己実現
　ア　社会生活，職業生活との接続を踏まえた主体的な学習態度の形成と学校図書館等の活用
　　　現在及び将来の学習と自己実現とのつながりを考えたり，自主的に学習する場としての学校図書館等を活用したりしながら，学ぶことと働くことの意義を意識して学習の見通しを立て，振り返ること。
　イ　社会参画意識の醸成や勤労観・職業観の形成
　　　社会の一員としての自覚や責任をもち，社会生活を営む上で必要なマナーやルール，働くことや社会に貢献することについて考えて行動すること。
　ウ　主体的な進路の選択と将来設計
　　　目標をもって，生き方や進路に関する適切な情報を収集・整理し，自己の個性や興味・関心と照らして考えること。

3　内容の取扱い
(1)　2の(1)の指導に当たっては，集団としての意見をまとめる話合い活動など小学校からの積み重ねや経験を生かし，それらを発展させることができるよう工夫すること。
(2)　2の(3)の指導に当たっては，学校，家庭及び地域における学習や生活の見通しを立て，学んだことを振り返りながら，新たな学習や生活への意欲につなげたり，将来の生き方を考えたりする活動を行うこと。その際，生徒が活動を記録し蓄積する教材等を活用すること。

〔生徒会活動〕
1　目標
　　異年齢の生徒同士で協力し，学校生活の充実と向上を図るための諸問題の解決に向けて，計画を立て役割を分担し，協力して運営することに自主的，実践的に取り組むことを通して，第1の目標に掲げる資質・能力を育成することを目指す。

2　内容
　　1の資質・能力を育成するため，学校の全生徒をもって組織する生徒会において，次の各活動を通して，それぞれの活動の意義及び活動を行う上で必要となることについて理解し，主体的に考えて実践できるよう指導する。
(1)　生徒会の組織づくりと生徒会活動の計画や運営
　　　生徒が主体的に組織をつくり，役割を分担し，計画を立て，学校生活の課題を見いだし解決するために話し合い，合意形成を図り実践すること。
(2)　学校行事への協力
　　　学校行事の特質に応じて，生徒会の組織を活用して，計画の一部を担当したり，

資　　料

　　　運営に主体的に協力したりすること。
　(3)　ボランティア活動などの社会参画
　　　地域や社会の課題を見いだし，具体的な対策を考え，実践し，地域や社会に参画できるようにすること。

〔学校行事〕
1　目標
　　全校又は学年の生徒で協力し，よりよい学校生活を築くための体験的な活動を通して，集団への所属感や連帯感を深め，公共の精神を養いながら，第1の目標に掲げる資質・能力を育成することを目指す。

2　内容
　　1の資質・能力を育成するため，全ての学年において，全校又は学年を単位として，次の各行事において，学校生活に秩序と変化を与え，学校生活の充実と発展に資する体験的な活動を行うことを通して，それぞれの学校行事の意義及び活動を行う上で必要となることについて理解し，主体的に考えて実践できるよう指導する。
　(1)　儀式的行事
　　　学校生活に有意義な変化や折り目を付け，厳粛で清新な気分を味わい，新しい生活の展開への動機付けとなるようにすること。
　(2)　文化的行事
　　　平素の学習活動の成果を発表し，自己の向上の意欲を一層高めたり，文化や芸術に親しんだりするようにすること。
　(3)　健康安全・体育的行事
　　　心身の健全な発達や健康の保持増進，事件や事故，災害等から身を守る安全な行動や規律ある集団行動の体得，運動に親しむ態度の育成，責任感や連帯感の涵養，体力の向上などに資するようにすること。
　(4)　旅行・集団宿泊的行事
　　　平素と異なる生活環境にあって，見聞を広め，自然や文化などに親しむとともに，よりよい人間関係を築くなどの集団生活の在り方や公衆道徳などについての体験を積むことができるようにすること。
　(5)　勤労生産・奉仕的行事
　　　勤労の尊さや生産の喜びを体得し，職場体験活動などの勤労観・職業観に関わる啓発的な体験が得られるようにするとともに，共に助け合って生きることの喜びを体得し，ボランティア活動などの社会奉仕の精神を養う体験が得られるようにすること。

3　内容の取扱い
　(1)　生徒や学校，地域の実態に応じて，2に示す行事の種類ごとに，行事及びその内容を重点化するとともに，各行事の趣旨を生かした上で，行事間の関連や統合

を図るなど精選して実施すること。また，実施に当たっては，自然体験や社会体験などの体験活動を充実するとともに，体験活動を通して気付いたことなどを振り返り，まとめたり，発表し合ったりするなどの事後の活動を充実すること。

## 第3 指導計画の作成と内容の取扱い

1 指導計画の作成に当たっては，次の事項に配慮するものとする。
 (1) 特別活動の各活動及び学校行事を見通して，その中で育む資質・能力の育成に向けて，生徒の主体的・対話的で深い学びの実現を図るようにすること。その際，よりよい人間関係の形成，よりよい集団生活の構築や社会への参画及び自己実現に資するよう，生徒が集団や社会の形成者としての見方・考え方を働かせ，様々な集団活動に自主的，実践的に取り組む中で，互いのよさや個性，多様な考えを認め合い，等しく合意形成に関わり役割を担うようにすることを重視すること。
 (2) 各学校においては特別活動の全体計画や各活動及び学校行事の年間指導計画を作成すること。その際，学校の創意工夫を生かし，学級や学校，地域の実態，生徒の発達の段階などを考慮するとともに，第2に示す内容相互及び各教科，道徳科，総合的な学習の時間などの指導との関連を図り，生徒による自主的，実践的な活動が助長されるようにすること。また，家庭や地域の人々との連携，社会教育施設等の活用などを工夫すること。
 (3) 学級活動における生徒の自発的，自治的な活動を中心として，各活動と学校行事を相互に関連付けながら，個々の生徒についての理解を深め，教師と生徒，生徒相互の信頼関係を育み，学級経営の充実を図ること。その際，特に，いじめの未然防止等を含めた生徒指導との関連を図るようにすること。
 (4) 障害のある生徒などについては，学習活動を行う場合に生じる困難さに応じた指導内容や指導方法の工夫を計画的，組織的に行うこと。
 (5) 第1章総則の第1の2の(2)に示す道徳教育の目標に基づき，道徳科などとの関連を考慮しながら，第3章特別の教科道徳の第2に示す内容について，特別活動の特質に応じて適切な指導をすること。

2 第2の内容の取扱いについては，次の事項に配慮するものとする。
 (1) 学級活動及び生徒会活動の指導については，指導内容の特質に応じて，教師の適切な指導の下に，生徒の自発的，自治的な活動が効果的に展開されるようにすること。その際，よりよい生活を築くために自分たちできまりをつくって守る活動などを充実するよう工夫すること。
 (2) 生徒及び学校の実態並びに第1章総則の第6の2に示す道徳教育の重点などを踏まえ，各学年において取り上げる指導内容の重点化を図るとともに，必要に応じて，内容間の関連や統合を図ったり，他の内容を加えたりすることができること。
 (3) 学校生活への適応や人間関係の形成，進路の選択などについては，主に集団の場面で必要な指導や援助を行うガイダンスと，個々の生徒の多様な実態を踏まえ，

資　　料

　　　一人一人が抱える課題に個別に対応した指導を行うカウンセリング（教育相談を含む。）の双方の趣旨を踏まえて指導を行うこと。特に入学当初においては，個々の生徒が学校生活に適応するとともに，希望や目標をもって生活をできるよう工夫すること。あわせて，生徒の家庭との連絡を密にすること。
(4)　異年齢集団による交流を重視するとともに，幼児，高齢者，障害のある人々などとの交流や対話，障害のある幼児児童生徒との交流及び共同学習の機会を通して，協働することや，他者の役に立ったり社会に貢献したりすることの喜びを得られる活動を充実すること。

3　入学式や卒業式などにおいては，その意義を踏まえ，国旗を掲揚するとともに，国歌を斉唱するよう指導するものとする。

# 資料　高等学校学習指導要領

## 第4章　総合的な探究の時間

### 第1　目標

　探究の見方・考え方を働かせ，横断的・総合的な学習を行うことを通して，自己の在り方生き方を考えながら，よりよく課題を発見し解決していくための資質・能力を次のとおり育成することを目指す。
(1) 探究の過程において，課題の発見と解決に必要な知識及び技能を身に付け，課題に関わる概念を形成し，探究の意義や価値を理解するようにする。
(2) 実社会や実生活と自己との関わりから問いを見いだし，自分で課題を立て，情報を集め，整理・分析して，まとめ・表現することができるようにする。
(3) 探究に主体的・協働的に取り組むとともに，互いのよさを生かしながら，新たな価値を創造し，よりよい社会を実現しようとする態度を養う。

### 第2　各学校において定める目標及び内容

#### 1　目標
　各学校においては，第1の目標を踏まえ，各学校の総合的な探究の時間の目標を定める。

#### 2　内容
　各学校においては，第1の目標を踏まえ，各学校の総合的な探究の時間の内容を定める。

#### 3　各学校において定める目標及び内容の取扱い
　各学校において定める目標及び内容の設定に当たっては，次の事項に配慮するものとする。
(1) 各学校において定める目標については，各学校における教育目標を踏まえ，総合的な探究の時間を通して育成を目指す資質・能力を示すこと。
(2) 各学校において定める目標及び内容については，他教科等の目標及び内容との違いに留意しつつ，他教科等で育成を目指す資質・能力との関連を重視すること。
(3) 各学校において定める目標及び内容については，地域や社会との関わりを重視すること。
(4) 各学校において定める内容については，目標を実現するにふさわしい探究課題，探究課題の解決を通して育成を目指す具体的な資質・能力を示すこと。
(5) 目標を実現するにふさわしい探究課題については，地域や学校の実態，生徒の特性等に応じて，例えば，国際理解，情報，環境，福祉・健康などの現代的な諸課題に対応する横断的・総合的な課題，地域や学校の特色に応じた課題，生徒の

資料

　　　興味・関心に基づく課題，職業や自己の進路に関する課題などを踏まえて設定すること。
　(6) 探究課題の解決を通して育成を目指す具体的な資質・能力については，次の事項に配慮すること。
　　ア　知識及び技能については，他教科等及び総合的な探究の時間で習得する知識及び技能が相互に関連付けられ，社会の中で生きて働くものとして形成されるようにすること。
　　イ　思考力，判断力，表現力等については，課題の設定，情報の収集，整理・分析，まとめ・表現などの探究の過程において発揮され，未知の状況において活用できるものとして身に付けられるようにすること。
　　ウ　学びに向かう力，人間性等については，自分自身に関すること及び他者や社会との関わりに関することの両方の視点を踏まえること。
　(7) 目標を実現するにふさわしい探究課題及び探究課題の解決を通して育成を目指す具体的な資質・能力については，教科・科目等を越えた全ての学習の基盤となる資質・能力が育まれ，活用されるものとなるよう配慮すること。

## 第3　指導計画の作成と内容の取扱い

**1　指導計画の作成に当たっては，次の事項に配慮するものとする。**
　(1) 年間や，単元など内容や時間のまとまりを見通して，その中で育む資質・能力の育成に向けて，生徒の主体的・対話的で深い学びの実現を図るようにすること。その際，生徒や学校，地域の実態等に応じて，生徒が探究の見方・考え方を働かせ，教科・科目等の枠を超えた横断的・総合的な学習や生徒の興味・関心等に基づく学習を行うなど創意工夫を生かした教育活動の充実を図ること。
　(2) 全体計画及び年間指導計画の作成に当たっては，学校における全教育活動との関連の下に，目標及び内容，学習活動，指導方法や指導体制，学習の評価の計画などを示すこと。
　(3) 目標を実現するにふさわしい探究課題を設定するに当たっては，生徒の多様な課題に対する意識を生かすことができるよう配慮すること。
　(4) 他教科等及び総合的な探究の時間で身に付けた資質・能力を相互に関連付け，学習や生活において生かし，それらが総合的に働くようにすること。その際，言語能力，情報活用能力など全ての学習の基盤となる資質・能力を重視すること。
　(5) 他教科等の目標及び内容との違いに留意しつつ，第1の目標並びに第2の各学校において定める目標及び内容を踏まえた適切な学習活動を行うこと。
　(6) 各学校における総合的な探究の時間の名称については，各学校において適切に定めること。
　(7) 障害のある生徒などについては，学習活動を行う場合に生じる困難さに応じた指導内容や指導方法の工夫を計画的，組織的に行うこと。
　(8) 総合学科においては，総合的な探究の時間の学習活動として，原則として生徒が興味・関心，進路等に応じて設定した課題について知識や技能の深化，総合化

を図る学習活動を含むこと。

2 内容の取扱いに当たっては，次の事項に配慮するものとする。
(1) 第2の各学校において定める目標及び内容に基づき，生徒の学習状況に応じて教師が適切な指導を行うこと。
(2) 課題の設定においては，生徒が自分で課題を発見する過程を重視すること。
(3) 第2の3の(6)のウにおける両方の視点を踏まえた学習を行う際には，これらの視点を生徒が自覚し，内省的に捉えられるよう配慮すること。
(4) 探究の過程においては，他者と協働して課題を解決しようとする学習活動や，言語により分析し，まとめたり表現したりするなどの学習活動が行われるようにすること。その際，例えば，比較する，分類する，関連付けるなどの考えるための技法が自在に活用されるようにすること。
(5) 探究の過程においては，コンピュータや情報通信ネットワークなどを適切かつ効果的に活用して，情報を収集・整理・発信するなどの学習活動が行われるよう工夫すること。その際，情報や情報手段を主体的に選択し活用できるよう配慮すること。
(6) 自然体験や就業体験活動，ボランティア活動などの社会体験，ものづくり，生産活動などの体験活動，観察・実験・実習，調査・研究，発表や討論などの学習活動を積極的に取り入れること。
(7) 体験活動については，第1の目標並びに第2の各学校において定める目標及び内容を踏まえ，探究の過程に適切に位置付けること。
(8) グループ学習や個人研究などの多様な学習形態，地域の人々の協力も得つつ，全教師が一体となって指導に当たるなどの指導体制について工夫を行うこと。
(9) 学校図書館の活用，他の学校との連携，公民館，図書館，博物館等の社会教育施設や社会教育関係団体等の各種団体との連携，地域の教材や学習環境の積極的な活用などの工夫を行うこと。
(10) 職業や自己の進路に関する学習を行う際には，探究に取り組むことを通して，自己を理解し，将来の在り方生き方を考えるなどの学習活動が行われるようにすること。

## 第5章　特別活動

### 第1　目標

集団や社会の形成者としての見方・考え方を働かせ，様々な集団活動に自主的，実践的に取り組み，互いのよさや可能性を発揮しながら集団や自己の生活上の課題を解決することを通して，次のとおり資質・能力を育成することを目指す。
(1) 多様な他者と協働する様々な集団活動の意義や活動を行う上で必要となることについて理解し，行動の仕方を身に付けるようにする。

資　料

　(2)　集団や自己の生活，人間関係の課題を見いだし，解決するために話し合い，合意形成を図ったり，意思決定したりすることができるようにする。
　(3)　自主的，実践的な集団活動を通して身に付けたことを生かして，主体的に集団や社会に参画し，生活及び人間関係をよりよく形成するとともに，人間としての在り方生き方についての自覚を深め，自己実現を図ろうとする態度を養う。

第2　各活動・学校行事の目標及び内容
〔ホームルーム活動〕
1　目標
　ホームルームや学校での生活をよりよくするための課題を見いだし，解決するために話し合い，合意形成し，役割を分担して協力して実践したり，ホームルームでの話合いを生かして自己の課題の解決及び将来の生き方を描くために意思決定して実践したりすることに，自主的，実践的に取り組むことを通して，第1の目標に掲げる資質・能力を育成することを目指す。

2　内容
　1の資質・能力を育成するため，全ての学年において，次の各活動を通して，それぞれの活動の意義及び活動を行う上で必要となることについて理解し，主体的に考えて実践できるよう指導する。
　(1)　ホームルームや学校における生活づくりへの参画
　　ア　ホームルームや学校における生活上の諸問題の解決
　　　ホームルームや学校における生活を向上・充実させるための課題を見いだし，解決するために話し合い，合意形成を図り，実践すること。
　　イ　ホームルーム内の組織づくりや役割の自覚
　　　ホームルーム生活の充実や向上のため，生徒が主体的に組織をつくり，役割を自覚しながら仕事を分担して，協力し合い実践すること。
　　ウ　学校における多様な集団の生活の向上
　　　生徒会などホームルームの枠を超えた多様な集団における活動や学校行事を通して学校生活の向上を図るため，ホームルームとしての提案や取組を話し合って決めること。
　(2)　日常の生活や学習への適応と自己の成長及び健康安全
　　ア　自他の個性の理解と尊重，よりよい人間関係の形成
　　　自他の個性を理解して尊重し，互いのよさや可能性を発揮し，コミュニケーションを図りながらよりよい集団生活をつくること。
　　イ　男女相互の理解と協力
　　　男女相互について理解するとともに，共に協力し尊重し合い，充実した生活づくりに参画すること。
　　ウ　国際理解と国際交流の推進
　　　我が国と他国の文化や生活習慣などについて理解し，よりよい交流の在り方

を考えるなど，共に尊重し合い，主体的に国際社会に生きる日本人としての在り方生き方を探求しようとすること。
　　エ　青年期の悩みや課題とその解決
　　　心や体に関する正しい理解を基に，適切な行動をとり，悩みや不安に向き合い乗り越えようとすること。
　　オ　生命の尊重と心身ともに健康で安全な生活態度や規律ある習慣の確立
　　　節度ある健全な生活を送るなど現在及び生涯にわたって心身の健康を保持増進することや，事件や事故，災害等から身を守り安全に行動すること。
　(3)　一人一人のキャリア形成と自己実現
　　ア　学校生活と社会的・職業的自立の意義の理解
　　　現在及び将来の生活や学習と自己実現とのつながりを考えたり，社会的・職業的自立の意義を意識したりしながら，学習の見通しを立て，振り返ること。
　　イ　主体的な学習態度の確立と学校図書館等の活用
　　　自主的に学習する場としての学校図書館等を活用し，自分にふさわしい学習方法や学習習慣を身に付けること。
　　ウ　社会参画意識の醸成や勤労観・職業観の形成
　　　社会の一員としての自覚や責任をもち，社会生活を営む上で必要なマナーやルール，働くことや社会に貢献することについて考えて行動すること。
　　エ　主体的な進路の選択決定と将来設計
　　　適性やキャリア形成などを踏まえた教科・科目を選択することなどについて，目標をもって，在り方生き方や進路に関する適切な情報を収集・整理し，自己の個性や興味・関心と照らして考えること。

3　内容の取扱い
　(1)　内容の(1)の指導に当たっては，集団としての意見をまとめる話合い活動など中学校の積み重ねや経験を生かし，それらを発展させることができるよう工夫すること。
　(2)　内容の(3)の指導に当たっては，学校，家庭及び地域における学習や生活の見通しを立て，学んだことを振り返りながら，新たな学習や生活への意欲につなげたり，将来の在り方生き方を考えたりする活動を行うこと。その際，生徒が活動を記録し蓄積する教材等を活用すること。

〔生徒会活動〕
1　目標
　異年齢の生徒同士で協力し，学校生活の充実と向上を図るための諸問題の解決に向けて，計画を立て役割を分担し，協力して運営することに自主的，実践的に取り組むことを通して，第1の目標に掲げる資質・能力を育成することを目指す。

2　内容

資　料

　1の資質・能力を育成するため，学校の全生徒をもって組織する生徒会において，次の各活動を通して，それぞれの活動の意義及び活動を行う上で必要となることについて理解し，主体的に考えて実践できるよう指導する。
(1)　生徒会の組織づくりと生徒会活動の計画や運営
　　生徒が主体的に組織をつくり，役割を分担し，計画を立て，学校生活の課題を見いだし解決するために話し合い，合意形成を図り実践すること。
(2)　学校行事への協力
　　学校行事の特質に応じて，生徒会の組織を活用して，計画の一部を担当したり，運営に主体的に協力したりすること。
(3)　ボランティア活動などの社会参画
　　地域や社会の課題を見いだし，具体的な対策を考え，実践し，地域や社会に参画できるようにすること。

〔学校行事〕
1　目標
　全校若しくは学年又はそれらに準ずる集団で協力し，よりよい学校生活を築くための体験的な活動を通して，集団への所属感や連帯感を深め，公共の精神を養いながら，第1の目標に掲げる資質・能力を育成することを目指す。

2　内容
　1の資質・能力を育成するため，全校若しくは学年又はそれらに準ずる集団を単位として，次の各行事において，学校生活に秩序と変化を与え，学校生活の充実と発展に資する体験的な活動を行うことを通して，それぞれの学校行事の意義及び活動を行う上で必要となることについて理解し，主体的に考えて実践できるよう指導する。
(1)　儀式的行事
　　学校生活に有意義な変化や折り目を付け，厳粛で清新な気分を味わい，新しい生活の展開への動機付けとなるようにすること。
(2)　文化的行事
　　平素の学習活動の成果を発表し，自己の向上の意欲を一層高めたり，文化や芸術に親しんだりするようにすること。
(3)　健康安全・体育的行事
　　心身の健全な発達や健康の保持増進，事件や事故，災害等から身を守る安全な行動や規律ある集団行動の体得，運動に親しむ態度の育成，責任感や連帯感の涵養，体力の向上などに資するようにすること。
(4)　旅行・集団宿泊的行事
　　平素と異なる生活環境にあって，見聞を広め，自然や文化などに親しむとともに，よりよい人間関係を築くなどの集団生活の在り方や公衆道徳などについての体験を積むことができるようにすること。

(5) 勤労生産・奉仕的行事

　　勤労の尊さや創造することの喜びを体得し，就業体験活動などの勤労観・職業観の形成や進路の選択決定などに資する体験が得られるようにするとともに，共に助け合って生きることの喜びを体得し，ボランティア活動などの社会奉仕の精神を養う体験が得られるようにすること。

**3　内容の取扱い**

(1) 生徒や学校，地域の実態に応じて，内容に示す行事の種類ごとに，行事及びその内容を重点化するとともに，各行事の趣旨を生かした上で，行事間の関連や統合を図るなど精選して実施すること。また，実施に当たっては，自然体験や社会体験などの体験活動を充実するとともに，体験活動を通して気付いたことなどを振り返り，まとめたり，発表し合ったりするなどの事後の活動を充実すること。

**第3　指導計画の作成と内容の取扱い**

**1　指導計画の作成に当たっては，次の事項に配慮するものとする。**

(1) 特別活動の各活動及び学校行事を見通して，その中で育む資質・能力の育成に向けて，生徒の主体的・対話的で深い学びの実現を図るようにすること。その際，よりよい人間関係の形成，よりよい集団生活の構築や社会への参画及び自己実現に資するよう，生徒が集団や社会の形成者としての見方・考え方を働かせ，様々な集団活動に自主的，実践的に取り組む中で，互いのよさや個性，多様な考えを認め合い，等しく合意形成に関わり役割を担うようにすることを重視すること。

(2) 各学校においては，次の事項を踏まえて特別活動の全体計画や各活動及び学校行事の年間指導計画を作成すること。

　　ア　学校の創意工夫を生かし，ホームルームや学校，地域の実態，生徒の発達の段階などを考慮すること。

　　イ　第2に示す内容相互及び各教科・科目，総合的な探究の時間などの指導との関連を図り，生徒による自主的，実践的な活動が助長されるようにすること。特に社会において自立的に生きることができるようにするため，社会の一員としての自己の生き方を探求するなど，人間としての在り方生き方の指導が行われるようにすること。

　　ウ　家庭や地域の人々との連携，社会教育施設等の活用などを工夫すること。その際，ボランティア活動などの社会奉仕の精神を養う体験的な活動や就業体験活動などの勤労に関わる体験的な活動の機会をできるだけ取り入れること。

(3) ホームルーム活動における生徒の自発的，自治的な活動を中心として，各活動と学校行事を相互に関連付けながら，個々の生徒についての理解を深め，教師と生徒，生徒相互の信頼関係を育み，ホームルーム経営の充実を図ること。その際，特に，いじめの未然防止等を含めた生徒指導との関連を図るようにすること。

(4) 障害のある生徒などについては，学習活動を行う場合に生じる困難さに応じた指導内容や指導方法の工夫を計画的，組織的に行うこと。

資　　料

　(5)　第1章第1款の2の(2)に示す道徳教育の目標に基づき，特別活動の特質に応じて適切な指導をすること。
　(6)　ホームルーム活動については，主としてホームルームごとにホームルーム担任の教師が指導することを原則とし，活動の内容によっては他の教師などの協力を得ること。

2　内容の取扱いに当たっては，次の事項に配慮するものとする。
　(1)　ホームルーム活動及び生徒会活動の指導については，指導内容の特質に応じて，教師の適切な指導の下に，生徒の自発的，自治的な活動が効果的に展開されるようにすること。その際，よりよい生活を築くために自分たちできまりをつくって守る活動などを充実するよう工夫すること。
　(2)　生徒及び学校の実態並びに第1章第7款の1に示す道徳教育の重点などを踏まえ，各学年において取り上げる指導内容の重点化を図るとともに，必要に応じて，内容間の関連や統合を図ったり，他の内容を加えたりすることができること。
　(3)　学校生活への適応や人間関係の形成，教科・科目や進路の選択などについては，主に集団の場面で必要な指導や援助を行うガイダンスと，個々の生徒の多様な実態を踏まえ，一人一人が抱える課題に個別に対応した指導を行うカウンセリング（教育相談を含む。）の双方の趣旨を踏まえて指導を行うこと。特に入学当初においては，個々の生徒が学校生活に適応するとともに，希望や目標をもって生活をできるよう工夫すること。あわせて，生徒の家庭との連絡を密にすること。
　(4)　異年齢集団による交流を重視するとともに，幼児，高齢者，障害のある人々などとの交流や対話，障害のある幼児児童生徒との交流及び共同学習の機会を通して，協働することや，他者の役に立ったり社会に貢献したりすることの喜びを得られる活動を充実すること。
　(5)　特別活動の一環として学校給食を実施する場合には，食育の観点を踏まえた適切な指導を行うこと。

3　入学式や卒業式などにおいては，その意義を踏まえ，国旗を掲揚するとともに，国歌を斉唱するよう指導するものとする。

附則
　この告示は，平成34年4月1日から施行する。ただし，改正後の高等学校学習指導要領は，同日以降高等学校の第1学年に入学した生徒（単位制による課程にあっては，同日以降入学した生徒（学校教育法施行規則第91条の規定により入学した生徒で同日前に入学した生徒に係る教育課程により履修するものを除く。））に係る教育課程及び全課程の修了の認定から適用する。

資　料

**編者**

　　吉冨　芳正（よしとみ・よしまさ）　　明星大学教育学部教授

　　菱山覚一郎（ひしやま・かくいちろう）明星大学教育学部教授


**執筆者紹介（執筆順・執筆担当）**

　　菱山覚一郎（ひしやま・かくいちろう）
　　　　　　　序章　第1部第6章　第3部

　　廣嶋龍太郎（ひろしま・りゅうたろう）明星大学教育学部准教授
　　　　　　　第1部第1章　第1部第2章

　　菅野　秀二（かんの・しゅうじ）　　明星大学教育学部特任教授
　　　　　　　第1部第3章

　　飯島　　潤（いいじま・じゅん）　　明星大学教育学部特任教授
　　　　　　　第1部第4章

　　堀家　千晶（ほりけ・ちあき）　　　明星大学教育学部特任教授
　　　　　　　第1部第5章

　　濱野　裕美（はまの・ひろみ）　　　明星大学教育学部特任教授
　　　　　　　第1部第7章

　　板橋　政裕（いたばし・まさひろ）　明星大学教育学部准教授
　　　　　　　第2部第1章　第2部第2章

　　樋口　　忍（ひぐち・しのぶ）　　　明星大学教育学部客員教授
　　　　　　　第2部第3章

　　神田　正美（かんだ・まさみ）　　　明星大学理工学部特任教授
　　　　　　　第2部第4章

---

## 教科外活動の未来を拓く
―特別活動と総合的な学習の時間の世界―

2018年12月19日　初版第1刷
2019年9月20日　初版第2刷

編　者　　吉　冨　芳　正
　　　　　菱　山　覚一郎
発行者　　大　橋　有　弘
発行所　　明星大学出版部
　　　　　〒191-8506
　　　　　東京都日野市程久保2-1-1
　　　　　　　　　　明星大学内
　　　　　　　　電話　042-591-9979

ⒸYoshitomi Yoshimasa, Hishiyama Kakuichiro
印刷・製本　信濃印刷株式会社　ISBN978-4-89549-216-4